即戦力になる！
基本が身につく

経理に配属されたら読む本

公認会計士 村井直志 Murai Tadashi

日本実業出版社

はじめに
～お祝いの言葉～

　経理配属、おめでとうございます！

　「経理って何だろう、どんな仕事をするのだろう」
　こう思われて、本書を手にされたと思います。そもそも、「経理」という単語は、「経営管理」に由来します。
　つまり、「経理に配属された」ということは、「経営管理の一端を任された」ということです。
　それだけ、やりがいがあるので、「おめでとう」なのです。

　一方で、責任のある仕事を任されたわけですから、経理知識をしっかり身につける必要もあります。

　やりがいと責任――。
　こう聞くと、ワクワクする人もいれば、心配に思う人もいるでしょう。

　ワクワクした人は、ドンドン勉強して、立派な経理担当者になってください。
　経理担当者には幅広い業務が用意されています。1つずつステップを踏めば、いずれ社長から信頼される「経営参謀の1人」として、経営のかじ取りを任されることになるはずです。

　心配に思った人も大丈夫。今、この本を手にしたときから、経理担当者としての重要な一歩を踏み出したからです。
　本書でご紹介する経理業務の基本をしっかりマスターすれば、その面白さにハマってしまうことでしょう。

　ただ、1つだけ忠告させてもらいます。
　それは、決して「豆を数える人」で終わるな、ということです。

これは、"ビッグ３"といわれる、アメリカの自動車メーカーの１つ、フォード社を立て直し、その後追放され、もう１つのビッグ３のクライスラー社を再建した実業家、アイアコッカ氏が経理担当者をたとえた表現です。
　彼は、自著のなかでこんなことを述べています。

> **豆を数える人々の最大の欠点は、専守防衛、保守的で悲観論に傾きがちなことである。（中略）豆ばかり数えていては、需要に応え競争に勝つことができない。**＊

　こうした傾向のある人が、経理に多いのも事実です。
　もちろん、経営管理を任されている以上、会社を守るために必要であれば、「専守防衛」「保守的」であることは必要です。
　ただ、悲観的になり過ぎると、会社は前に進みません。

　会社を前に進めるには、時に「数字」を上手に使って、表現する必要もあります。
　そのためには、ＩＴを使って「数字」を分析・加工・表現する技術も求められます。ですから、本書では、新任の経理担当者に知っておいてほしいＩＴ知識も取り上げました。

　「経理」というと、どうしても簿記のイメージが先行しますが、簿記は経理の基本知識のほんの一部でしかありません。経理の仕事に必要な知識は、会計・税務・ＩＴなど、結構あるのです。
　こうした知識を身につければ、会社が困った状態に直面したとき、あなたが役に立てる場面が必ず出てきます。

> **豆を数える人がいなければ、会社はムダなエネルギーばかり放出し、ついには倒産する。**＊

"ビッグ3"のうちの2社を立て直した人物は、前述した「豆」を再び例に挙げて、知識のある経理担当者にこうした敬意も表しています。

　経理の仕事は、会社の危機的な場面だけではなく、「株式公開しよう」「合併・買収をしよう」というような積極策に出るときも、その知識を大いに発揮することが期待されます。

　「何だか覚えることがいっぱいありそうだな」

　そう思われたかもしれません。でも、大丈夫。本書があなたの味方になります。新任の経理担当者の方は、まず本書で基本的な数字の取扱いがわかる「豆を数えることができる人」になってください。
　そして、いずれは「新任」のレッテルをはがせるようにステップアップし、経営管理を全面的に任される、数字を経営に活かす「豆を仕切れる人」になってほしいと思います。

＊『アイアコッカ　わが闘魂の経営』（リー・アイアコッカ著。徳岡孝夫訳。ダイヤモンド社）より一部抜粋

図で理解する経理の仕事①
3月決算法人の年間スケジュール（例）

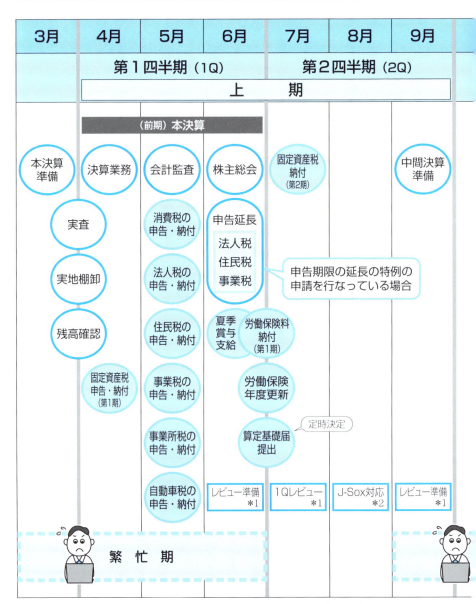

＊1　上場企業には、3か月ごとに四半期レビュー（簡易的な会計監査のようなもの）がある
＊2　「J-Sox」とは、上場企業等に課す内部統制報告制度のこと

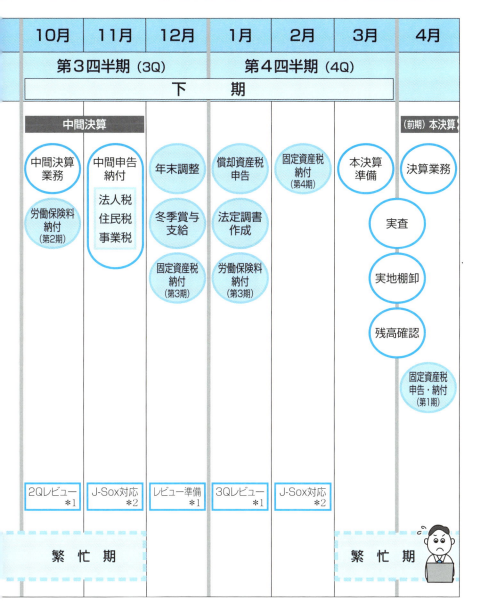

図で理解する経理の仕事②
毎月ある主な業務のフロー（例）

上　旬	中　旬
月次決算書の作成 （月初から約2週間内）	源泉所得税の納付 （原則、毎月10日）

現金・預金の残高確認（当座預金照合表の作成） → 月次棚卸高の確定 → 仮勘定の整理 → 経過勘定の計上 → 帳簿締切り → 月次試算表の確定 → 月次決算書の確定・作成 → 月次決算報告

月次決算報告は、業種・業態や企業規模によって報告資料の作成方法が違う点にも注意する

例：比較損益計算書、部門別損益計算書、業界特有の決算報告資料など

下　旬	その他、日常的に発生するもの
給与計算・支給	請求書の作成・送付
社会保険料の納付（月末）	得意先からの入金の確認
	仕入先等への支払い
	伝票の起票
	帳簿の作成

図で理解する経理の仕事③
会計直観力養成マップ　＊解説は項目48参照

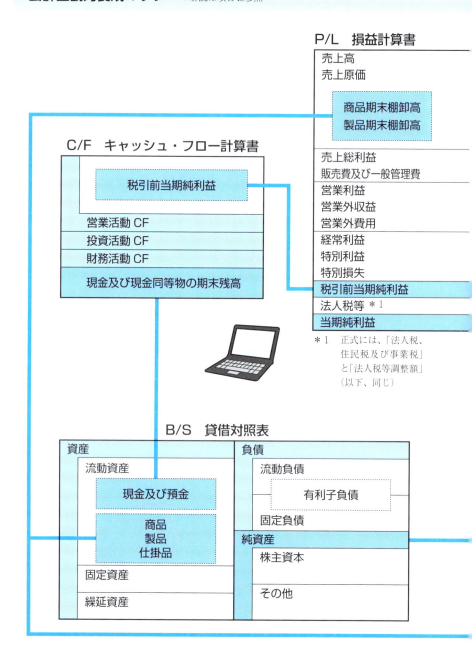

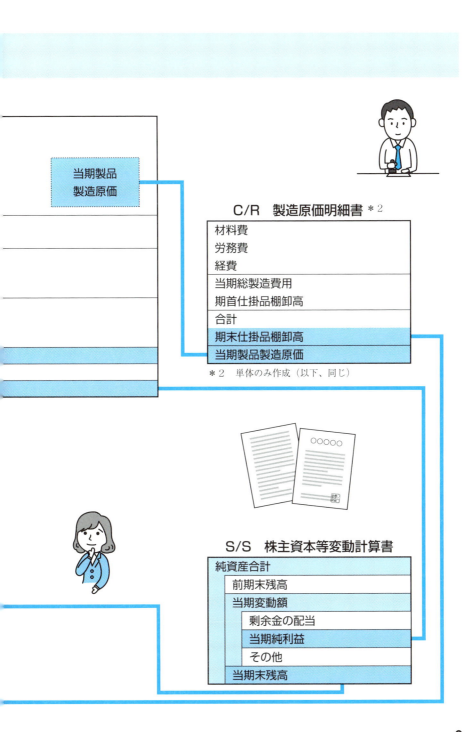

図で理解する経理の仕事④
ステップアップのための会計・税務直観力養成マップ

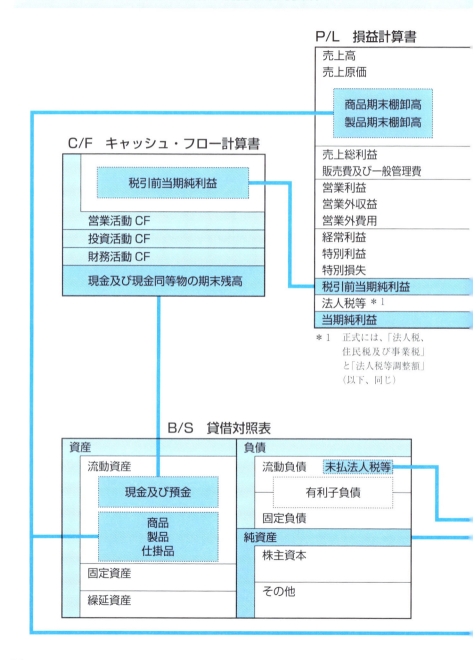

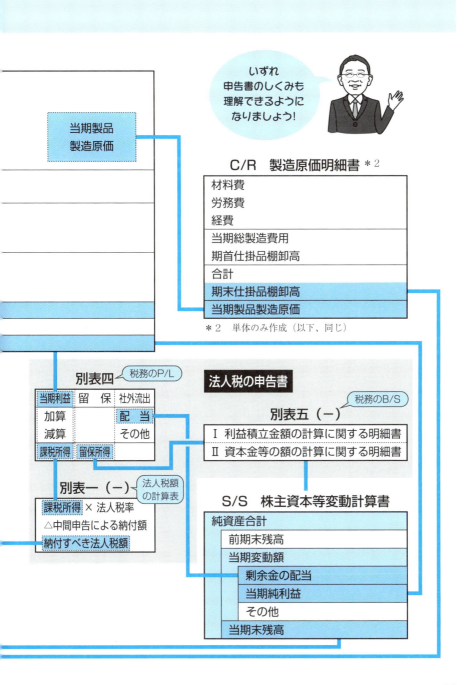

「一日一語」のシンプルな経理エクササイズ

❶ **簿記（ぼき）** 帳簿に記録する技術、貸借（たいしゃく）の複式（ふくしき）で記録するので「複式簿記（ふくしきぼき）」

❷ **貸借（たいしゃく）** 左側を借方（かりかた）・dr（デビット）、右側を貸方（かしかた）・cr（クレジット）といい、合わせて「デビクリ」

❸ **勘定（かんじょう）・a/c** 取引を記録・集計する区分・単位。「勘定科目（かんじょうかもく）」ともいう

❹ **T字勘定（てぃーじかんじょう）** 左右をT字で仕切り、勘定科目ごとに取引を集計するツール

❺ **伝票（でんぴょう）** 取引を記録する貸借（たいしゃく）形式の帳票。この帳票を起こす作業が「起票（きひょう）」

❻ **元帳（もとちょう）** 取引を記録する大元の管理台帳。「帳簿（ちょうぼ）」ともいう

❼ **記帳（きちょう）** 台帳に記録する作業

❽ **転記（てんき）** 取引記録を元帳等に転じて（書き写して）記録すること

❾ **承認（しょうにん）** 取引が事実であることを承（うけたまわ）り、認めること。自己承認や未承認は事故の元

❿ **会計期間（かいけいきかん）** 決算書を作成する（決算）の対象期間。「事業年度」

⓫ **期首・期末（きしゅ・きまつ）** 会計期間の始まりと終わり。月単位の場合「月初（げっしょ）」「月末（げつまつ）」

⓬ **締日（しめび）** 経理を締め切る確定日。締日から回収等までの期間が「サイト」

⓭ **継続性（けいぞくせい）** 会計処理の原則・手続きを毎期継続適用し、みだりにこれを変更してはならない

⓮ **発生主義（はっせいしゅぎ）** 取引の発生事実で、費用を記帳する原則。典型に「保守主義」

⓯ **実現主義（じつげんしゅぎ）** 取引の実現事実で、収益を記帳する原則。典型に「現金主義」

現場で役立つ基本の「経理用語」厳選 31

（ローマ字は略称。本文参照）

⑯ **資産** キャッシュそのもの。キャッシュになるもの。キャッシュを生み出す能力のあるもの。「積極財産」ともいう

⑰ **負債** キャッシュを支払う義務のあるもの。「消極財産」ともいう

⑱ **純資産** 「積極財産」の資産と、「消極財産」である負債の差額

⑲ **収益** 稼ぎ。「未収収益」「前受収益」という見越・繰延も不可欠

⑳ **費用** 経費＝経営費用。「未払費用」「前払費用」という費用の見越・繰延も不可欠

㉑ **利益** 収益－費用＝利益（マイナスは「損失」）。一般的に「儲け」を指す

㉒ **決算書・F/S** 会社の成績表。「計算書類」や「財務諸表」ともいう

㉓ **試算表・T/B** 試しに取引記録を確かめる、未完成の決算書のような表

㉔ **損益計算書・P/L** 一定期間の経営成績を表わす決算書

㉕ **貸借対照表・B/S** 一定時点の財政状態を表わす決算書

㉖ **キャッシュ・フロー計算書・C/F** 一定期間の資金の動きを表わす決算書

㉗ **株主資本等変動計算書・S/S** 一定期間の純資産の動きを表わす決算書

㉘ **製造原価明細書・C/R** 一定期間の製品の製造原価を計算する決算書

㉙ **計規** 会社法による「計算書類」作成ルール

㉚ **財規** 金融商品取引法による「財務諸表」作成ルール

㉛ **企業会計原則** 一般に認められる「公正なる会計慣行」の日本代表

即戦力になる！ 基本が身につく
経理に配属されたら読む本
CONTENTS

はじめに〜お祝いの言葉〜

図で理解する経理の仕事
　①３月決算法人の年間スケジュール（例） ……………………………… 4
　②毎月ある主な業務のフロー（例） ………………………………………… 6
　③会計直観力養成マップ …………………………………………………… 8
　④ステップアップのための会計・税務直観力養成マップ ………… 10

「一日一語」のシンプルな経理エクササイズ
　　現場で役立つ基本の「経理用語」厳選31 ………………… 12

Lesson1 経理業務のイメージをつかもう …… 21

　1 経理の業務範囲はビジネスモデルで異なる ……………………… 22
　2 経理の仕事の奥深さを鳥瞰図でチェックしよう ………………… 24
　3 経理の年間スケジュールをおさえよう（３月決算の場合） ……… 26

4	新任経理の主な仕事はコレだ！	28
5	会計処理の基本ルール ＧＡＡＰ・企業会計原則をおさえよう	30
6	新任経理に求められる知識レベル	32
7	経理担当者としての心構え	34
8	経理・会計の基本の「き」 ①数字の表現法	36
9	経理・会計の基本の「き」 ②経理の６Ｓ	37
10	経理・会計の基本の「き」 ③経理の５Ｗ１Ｈ	38

Lesson2　新人が最初に任される「財務」の仕事と基本ルール　39

11	お金を出して、納めて、管理する出納業務の流れ	40
12	現金・預金にはいろいろな種類がある	42
13	会社にお金が入ってきたときに行なう収納業務の留意点	44
14	会社からお金が出ていくときに行なう支払業務の留意点	45
15	お金の出入りを確かめる現金の残高管理の留意点	46
16	振込履歴を確かめる預金の残高管理の留意点	48
17	代金決済に使われる有価証券　①小切手の留意点	50
18	代金決済に使われる有価証券　②手形の留意点	52
19	手形を受け取るときと裏書するときのチェックポイント	54
20	危ない取引先をどうやって見分けるか	56
21	輸出入取引をするときの外貨に係る経理処理	58

COLUMN　電子記録債権を使うときの留意点　60

Lesson3 最低限知っておきたい「会計」 ①起票・記帳の基本 61

- 22 起票・記帳業務をこなすために知っておきたい基本ルール 62
- 23 決算書の基本的なしくみ 〜5つの箱の意味と位置〜 64
- 24 勘定科目の種類と覚え方 〜勘定科目を「5つの箱」に振り分けよう〜 66
- 25 伝票・帳簿への記入原則　①貸借一致の原則 68
- 26 伝票・帳簿への記入原則　②取引合計の一致 70
- 27 伝票・帳簿への記入原則　③T字勘定 72
- 28 伝票・帳簿への記入原則　④マイナス残高という異常点 74
- 29 伝票・帳簿への記入原則　⑤データ入力の留意点 76
- 30 取引計上のタイミング　①収益・費用の見越・繰延 78
- 31 取引計上のタイミング　②費用収益対応の原則 80
- 32 取引計上のタイミング　③売上の3ステップ 82
- 33 取引計上のタイミング　④費用・損失の3ステップ 84
- 34 取引計上のタイミング　⑤粉飾と3ステップの関係 86
- 35 決算の概略と新任経理の「決算整理事項」 88

| COLUMN | 検算と概算の習慣づけ .... 90 |

Lesson4 最低限知っておきたい「会計」②残高管理の基本 ……… 91

- 36 残高管理には業務プロセスの理解が欠かせない ……………… 92
- 37 数字の塊（かたまり）をPとQに分解するのが残高管理のポイント ……… 94
- 38 与信管理を踏まえた得意先元帳の見方 …………………… 96
- 39 決算書の作成に必要不可欠な実地棚卸 …………………… 98
- 40 実地棚卸の留意点と実施するタイミング ………………… 100
- 41 有価証券の区分と評価のしくみ …………………………… 102
- 42 幅広い視点での管理が求められる固定資産管理 …………… 104
- 43 固定資産の修繕コストに対する修繕費と資本的支出の考え方 … 106
- 44 減価償却のしくみと償却方法の種類 ……………………… 108
- 45 経費処理ができる償却資産と少額資産の取扱い …………… 110
- 46 減価償却のポイント ～耐用年数と償却開始時期～ ………… 112
- 47 リース・レンタル・シェア 調達方法によって会計処理は異なる … 114

COLUMN 固定資産管理では「減税措置」の理解も不可欠 ……… 116

Lesson5 最低限知っておきたい「会計」③決算書のしくみ ……… 117

- 48 基本の財務三表とその他の決算書の関係 ………………… 118
- 49 計算書類の類型と作成ルール ……………………………… 120
- 50 決算書を補足する附属明細書のしくみ …………………… 122

51	上場会社の情報開示制度と有価証券報告書の記載事項 ……	124
52	財政状態を示すB/S 貸借対照表のしくみ ……	126
53	一定期間の経営成績を表わすP/L 損益計算書のしくみ ……	128
54	資金の動きを示すC/F キャッシュ・フロー計算書のしくみ ……	130
55	資産の資金化と負債の支払いのタイミング ……	132
56	理想は「現金売りの掛仕入」 儲けの本質はキャッシュ・フローにある ……	134
57	メーカーに欠かせない製造原価明細書のしくみ ……	136
58	製造コスト管理に必要不可欠な原価計算のしくみ ……	138
59	「配賦(はいふ)」と「直課(ちょっか)」で原価負担の公平性を実現させる ……	140
60	グループの総合力を表わす連結決算のしくみ ……	142

COLUMN 「新任経理の仕事」の先にあるもの …… 144

Lesson6　最低限知っておきたい「税務」 …… 145

61	会社が納める主な税金と取扱いの違い ……	146
62	消費税の負担のしくみと税額の計算過程 ……	148
63	消費税のかかる取引、かからない取引 ……	150
64	印紙税の取扱いと罰則規定 ……	152
65	所得税の源泉徴収と対象となる所得の範囲 ……	154
66	給与計算のしくみと源泉徴収方法 ……	156
67	退職金の源泉徴収と会計処理 ……	160
68	年末調整のしくみと源泉徴収税額の過不足の精算 ……	162
69	法人税の課税のしくみと計算手順の概略 ……	164

70	交際費と隣接費用の違いを理解しよう	166
71	貸倒損失と貸倒引当金という貸し倒れの取扱い	168
72	税務調査の種類と当日の心構え	170

COLUMN 営業活動にもいろいろな税務論点がある ……… 172

Lesson7 計数管理に欠かせないExcelの基礎知識 …… 173

73	Excelで集計　SUM関数とSUMIF関数	174
74	Excelで判定　IF関数	176
75	Excelで検索　①VLOOKUP関数の基本	178
76	Excelで検索　②VLOOKUP関数の引数	180
77	Excelのグラフ機能と数字の見せ方	182
78	Excelでクロス集計　①ピボットテーブルの概要	184
79	Excelでクロス集計　②フィールドリストの設定とドリルダウン	186
80	Excelでクロス集計　③値フィールドの設定とグループ化	188
81	Excelのエラー表示とその対処法	190

COLUMN 情報漏えいに備えるパスワードの使い方 ……… 192

Lesson8 「豆を仕切れる人」にステップアップするヒント……… 193

- 82 「常識」としての数字の見方・見せ方 …………………………… 194
- 83 説得力のある経営資料のつくり方 ……………………………… 195
- 84 会計データを加工・分解する …………………………………… 196
- 85 利益が出るか損失が出るかを見極める
  損益分岐点分析（ＣＶＰ分析）………………………………… 198

COLUMN 「平均」の意味 …………………………………… 200

さくいん ………………………………… 201

おわりに～激励の言葉～

本書の内容は、2021年10月1日現在の法令・基準等に基づいて執筆しています。

カバーデザイン／井上新八
編集協力／小岩和男（特定社会保険労務士）
本文ＤＴＰ／一企画

Lesson 1
経理業務の
イメージをつかもう

「経理」の業務は幅広く、むずかしい半面、やりがいもあります。グローバル化の進展とともに経理ルールは変更が重ねられ、ますます複雑になっていますが、まずは経理業務の全体像を大空に見立て、「鳥の目」でザックリと理解して、どんな点に注意して仕事をすればよいか、つかみましょう。

経理業務の
全体像を
つかもう！

1 経理の業務範囲はビジネスモデルで異なる

 小売業や卸売業等のディーラー型と製造業等のメーカー型がある。

「購入→販売→回収」という営業サイクルがある

　会社は、商品を仕入れ、販売し、代金を回収し、回収した代金を新たな商品仕入に回します。つまり、購入→販売→回収→購入→……という営業循環（サイクル）を繰り返しながら、経営を継続し、皆さんの雇用を維持していく、これが会社なのです。

　このサイクルのうち、「購入」で商品や材料などを仕入れます。このとき、仕入代金の支払管理のため、経理担当者は記帳という処理を行ないます。記帳とは、「記録を、帳簿と呼ぶノートにつけること」です。

　たとえば、商品など仕入の事実は在庫有高帳という帳簿に記帳します。また、仕入代金の支払いの有無を管理する必要もあるので、買掛金台帳にも記帳することになります。

　買掛金とは、買った代金を「掛け」、つまり後払い（ツケ）することです。身近な例でいえば、クレジットカードでパソコンなどを買うと代金は後払いになりますが、会社も日常的に買掛金として後払いをしているのです。

「営業の仕事は回収まで」という意識を植えつけるのも経理の仕事

　購入商品を「販売」したら、売れた事実を在庫有高帳に記帳し、代金の回収管理を行ないます。未回収の販売代金は売掛金と呼ばれ、売掛金を管理する売掛金台帳という帳簿に記帳しなければなりません。

　売掛金が回収されたときは、回収の事実を売掛金台帳に記帳します。売掛金が回収されないと、次の購入資金を得ることができないので、未回収が起こらないようにする必要もあります。経理部門は営業部門に対し、「営業の仕事は代金回収まで行なう必要がある」という意識を植えつけるのも重要な経理業務の1つです。

　ちなみに経理の業務範囲は、所属する会社の業種や規模で違いがあります。ここまで説明してきたのは、小売業や卸売業が対象となるディーラー型の経理業務範囲です。製造業に代表されるメーカー型の経理では、これらのほか原価計算（ものをつくるために消費した材料や労働力などを金銭的に換算すること）という業務を行なうケースもあります。

ディーラー型とメーカー型の経理業務の範囲の違い

ディーラー型

購入
- 商品仕入（在庫有高帳管理・買掛金台帳管理・支払い）
- 給料支払い（給与計算・支払い）※1
- 諸経費支払い（請求管理・支払い）など

販売
- 商品売上（受注書・納品書・売上計上・売掛金台帳管理・在庫有高帳管理など）

回収
- 売上入金（請求書・売上債権管理・入金消込など）

購入（以降、繰り返し）

メーカー型

購入
- 材料仕入（在庫有高帳管理・買掛金台帳管理・支払い）
- 給料支払い（給与計算・支払い）※1
- 諸経費支払い（請求管理・支払い）など
- 機械・設備投資（経済性計算）

製造
- 原価計算（材料費・労務費・経費）※2

販売（以下、ディーラー型と同様）

回収

購入（以降、繰り返し）

「営業の仕事は、売上はもちろん、回収まで行なう」という意識を植えつけるのも経理業務の重要な役割

※1　給与計算などは、総務部など経理担当部署以外が扱うこともある
※2　原価計算などは、製造部など経理担当部署以外が扱うこともある

Lesson 1　経理業務のイメージをつかもう

2 経理の仕事の奥深さを鳥瞰図でチェックしよう

  全体像を理解し、実務知識を習得するのがポイント。

経理の主な仕事は大きく分けて3つ

経理の仕事は、経営の根幹に触れるため、じつに多彩です。

1つ目は、計数管理。日々の記帳業務に始まり、月次決算（経営状況を把握するため毎月実施する決算）を経てこれを12か月分集計し、会計決算業務（会計制度に基づいて行なう決算）をこなし、確定した決算書に基づいて税務申告（法人が納税すべき税額を確定するために行なう申告手続き）をして納税する――これが基本になります。

2つ目は、資金管理。ビジネスは、キャッシュ・フロー（お金の流れ）をどのように管理するかがポイントです。黒字倒産という言葉があるように、キャッシュという"会社の血液"が回らなくなれば倒産することも珍しくありません。それほど資金管理は重要な経理業務といえます。

3つ目が、経営管理。経理の語源であるこの業務の良し悪しが、ビジネスの発展に影響します。"強い会社"は、過去を反省し、現状を的確に把握し、将来を見通すことに優れ、どんな環境でも経営できる知恵をもっています。経営することを英語でmanageといいますが、この単語には「何とかする」という意味もあります。経営管理とは、どんな経営環境にあっても会社を何とかする、そうした意味が含まれているのです。

まだまだあります！ 経理の仕事

経理の仕事は、会社の規模で守備範囲が伸縮し、大規模であるほど業務内容は細分化され、小規模であるほど担当する業務の範囲が広がります。

大規模な会社の場合、前述した3業務のうち、資金管理は財務部、経営管理は経営企画部が担当することがあります。また、給与計算は人事部や総務部が、原価計算は工場経理部が担当することもあるというように、組織の規模が大きくなるほど、業務が細分化される傾向があります。

ちなみに、業務プロセスの見直しや、会計経理システムと規定類の管理も経理担当者の守備範囲です。粉飾や横領、贈収賄などの不正会計事件があれば、第一線で対応するのも経理部になります。

必要な実務知識を適宜習得することが、経理を極めるポイントです。

経理財務分野の「鳥瞰図（ちょうかんず）」

計数管理
- 月次決算
- 原価計算
- 会計決算業務
- 税務申告 など

新任の主要業務

資金管理
- 出納業務
- 債権・債務管理
- 資金調達・運用
- 資本政策 など

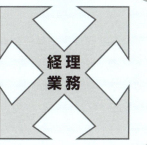
経理業務

経営管理
- 管理会計
- 予算編成・統制
- 意思決定会計
- 事業構造改革 など

その他
- 総務・人事関連
- ITシステム対応
- 内部統制整備・運用
- 不正対応 など

3 経理の年間スケジュールをおさえよう（3月決算の場合）

 まずは1年間のスケジュールを把握することが大事。

「段取り8割、実行2割」を心がける

経理担当者が行なう仕事は、年々増加傾向にあります。特に上場企業やその子会社、これから上場しようという会社の担当者などは、毎月のように何らかの経理イベントがあります。

どんな仕事も「段取り8割、実行2割」。知識を蓄えるなどして準備をしておけば、仕事の8割は終わったようなものです。

何を、いつまでに作業し、どんな報告をする必要があるか確かめよう

経理業務の最たる成果物が、決算書という会社の成績表です。

この決算書には、会社法のような法律に基づいて作成するものもあれば、経営管理のために社内で用いられる決算書もあります。

また、学校で受け取る成績表が1～3学期の単位で、しかも年間総合評価があったように、決算書も日次・週次・月次・四半期（3か月単位）・半期（6か月単位）・年次という具合に、一定期間ごとに作成して、経営管理者などに様々なタイミングを見計らい、経営に関するデータを報告する必要があります。

金融業や建設業など、業種によっては国や地方自治体へ定期的に数値を報告する義務もありますが、こうした仕事も経理が担当することが多いと思います。

まずは、上司や先輩に、何を、いつまでに作業し、どんな形で報告する必要があるか、確認してみましょう。

ワンポイント ▶ 会計監査とレビュー

経理担当者は、公認会計士やその集合体の組織である監査法人との接点が多くなると思います。

彼らは、皆さんのような経理担当者が作成した会社の決算書が正しくつくられているか、独立した第三者の立場から判断し白黒つける、会計監査という仕事をしています。

会計監査は1年に1度、決算期末を対象に実施されますが、上場会社などでは、四半期ごとに監査の手続きが簡略化されたレビューが行なわれることもあります。

経理業務の年間主要スケジュール（3月決算イメージ）

	会計・監査	随時・臨時	税務・総務
4月	前期の年次決算処理 期初にあたり、会計方針の見直しを検討（新会計ルールに留意） 監査役監査・会計監査人（公認会計士）監査（株主総会直前まで）	【会計・監査】 ・上場準備 ・不正会計対応 ・各機関対応 （システム監査、ISO監査、親会社からの業務監査） ・新規設備投資の経済性計算など 【税務・総務】 ・新入社員対応 （給与所得者の扶養控除等申告書の提出受付） ・役職員異動対応 （結婚、出産等による扶養親族の増減に対応にともなう「異動申告書」の提出受付） ・退職手続き対応 （退職金の支払、支給にともなう税額計算、貸与備品の返却受入など） ・日々の出退勤管理 （タイムレコーダ記録管理など） ・税務調査対応 ・労働基準監督署対応 ・新規事業所開設対応 （「給与支払事務所の開設届出書」を設立後1か月以内に税務署へ提出）など	固定資産税（都市計画税）の第1期分の納付 軽自動車税の納付
5月	株主総会招集通知の作成 会社法計算書類の作成 決算短信の作成 有価証券報告書の作成		自動車税の納付 法人税・地方税・消費税の確定申告処理・納付
6月	第1四半期決算準備処理（＊）		法人税・地方税確定申告処理・納付（延納申請した場合）
7月	第1四半期決算処理 第1四半期決算短信の作成 公認会計士レビュー		固定資産税（都市計画税）の第2期分の納付 源泉所得税の特例納付（10日） 労働保険の年度更新（確定保険料と第1期分概算保険料の納付）（10日） 健康保険・厚生年金保険被保険者の報酬月額算定基礎届の提出（10日）
8月			
9月	中間決算・第2四半期準備処理（＊）		
10月	中間決算・第2四半期決算処理 四半期決算の場合 　→公認会計士によるレビュー 半期決算の場合 　→公認会計士による中間監査		労働保険の第2期分概算保険料の納付
11月	半期報告書の作成 中間決算短信・第2四半期決算短信の作成		
12月	第3四半期決算準備処理（＊）		固定資産税（都市計画税）の第3期分の納付 年末調整（通常、その年の最後の給与支給時に実施）
1月	第3四半期決算処理 第3四半期決算短信の作成 公認会計士レビュー 次年度予算編成		償却資産申告書の作成・提出 支払調書、法定調書合計表の作成・提出 給与所得者の扶養控除等申告書の提出 源泉所得税の特例納付（原則10日、20日までとすることも可） 労働保険の第3期分概算保険料の納付
2月	年次決算準備処理（＊）		固定資産税（都市計画税）の第4期分の納付
3月	年次決算準備処理（＊のほかに実地棚卸・残高確認の手配等）		確定申告 　→オーナー系法人の場合

＊他部署への依頼、作業計画の策定、経過勘定・仮勘定の整理など

4 新任経理の主な仕事はコレだ！

経理業務は「2つの会計・3つの業務・4つの行為」からなる。

新任経理担当者の仕事は「制度会計」と「計数管理」が中心

経理の仕事は、大きく分けると制度会計と管理会計の2つです。

制度会計は、法律等の規制に基づいて決算書を作成します。たとえば会社法は、会社に出資している株主や会社に融資するなどしている債権者の保護を目的に、営業上の財産や損益の状況を明らかにするために、また金融商品取引法は、投資家の保護を目的に投資判断に必要な数値等の情報提供を行なうために、それぞれルールが制定されています。こうしたルールに基づき決算書を作るのが「制度会計」です。

会社は税務署に対し、「当社は今期〇円稼ぎましたので、税金を△円納めます」と税務申告しますが、これは、会社法に基づく決算書である計算書類をもとに、税法のルールに従って税金計算を行ないます。

このように、確定した決算に基づいて納めるべき税金額を税務署に申し出ることを、確定決算主義による税務申告といいます。

また、株主や債権者、投資家など、企業を取り巻く利害関係者(ステークホルダー)へ果たす説明責任をアカウンタビリティといいます。制度会計は、このアカウンタビリティのために、ルールに基づいて決算書を作成するのです。

制度会計には、会社の取引を数値化する計数管理、キャッシュ・フローを管理する資金管理、経営マネジメントに役立つ情報を提供する経営管理の業務があり、このうち新任経理担当者が任されるのは計数管理です。

いずれも、会計上の取引として認識し、計上額を測定し、帳簿に記録し、一定期間ごとに取りまとめた会計情報を、日本の会社であれば円ベースで表示することで、様々な利害関係者に情報提供します。

最終的にあなたが目指すのは「豆を仕切れる人」

制度会計が企業外部の利害関係者を対象するのに対し、企業内部の利害関係者、特に経営マネジメント層に役立つ情報を報告するのが管理会計です。最終的に経理が目指すのは、損益等を計算する「豆を数える人」ではなく、経営管理を任される「豆を仕切れる人」。

豆を仕切れる人になるには、管理会計の知識も欠かせません。

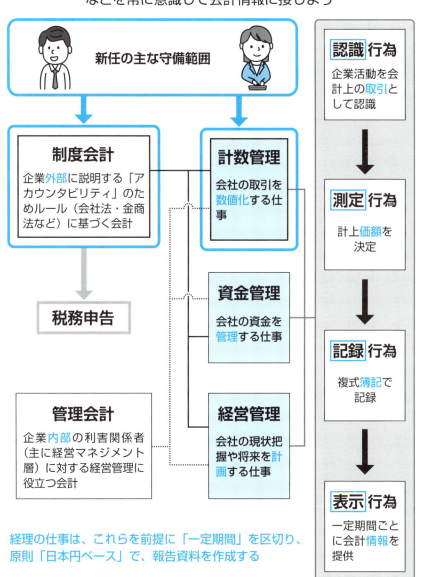

5 会計処理の基本ルール GAAP・企業会計原則をおさえよう

 日々の経理業務には様々な法律やルールが定められている。

「公正なる会計慣行」に従うのが大原則

経理の世界には、一般に公正妥当と認められる公正なる会計慣行に従う、という大原則があります。この会計慣行は、GAAP（Generally Accepted Accounting Principles：略してガープ、ギャープ）とも呼ばれます。いわゆる経理の憲法といえるのがGAAPです。

「公正なる会計慣行」は国ごとに違いがあります。日本では財務省企業会計審議会が管轄する企業会計原則を指します。会社法や金融商品取引法、税法などの法律も、この企業会計原則の慣行を利用しています。

「企業会計原則」の主な内容

企業会計原則は、経理部門の最も基本となるルールです。新任経理担当者は、最低限、以下の5つの内容を覚えておきましょう。

- 重要性の原則
   重要な取引は厳密な会計処理が要求され、重要性の乏しい取引は簡便な会計処理を採用することが認められている。
- 継続性の原則
   企業がいったん採用した会計処理の原則と手続きは、みだりに変更せず、毎期継続して適用することが要求される。
- 発生主義
   すべての費用と収益は、その支出と収入に基づいて計上し、その発生した期間に正しく割り当てられるように会計処理しなければならない。
- 実現主義
   当期末までに実現していない未実現収益は、原則として当期の損益計算に計上してはならない。
- 保守主義
   企業会計は、予測される将来の危険に備えて慎重（保守的）な判断に基づいた会計処理を行なわなければならない。

経理ルールは「公正なる会計慣行」がベースにある

金融商品取引法（金商法）
- 財務諸表等の用語、様式及び作成方法に関する規則（財規）
- 連結財規
- 中間財規
- 四半期財規　など

会社法
- 会社計算規則（計規）　など

公正なる会計慣行
企業会計原則

税法
- 法人税法
- 消費税法　など

その他業法等
- 国立大学法人法　・信用金庫法
- 私立学校振興助成法
- 政党助成法　・地方自治法
- 独立行政法人通則
- 農林中央金庫法
- 保険業法　・労働組合法　など

ワンポイント　辞書的な役割を果たす書籍やウェブサイト

経理のルールは複雑なので、処理方法に悩むこともあると思います。そうしたとき、次のような書籍が経理担当者にとっては辞書代わりになります。
- 『会計税務便覧　年度版』（日本公認会計士協会東京会編、清文社）
- 『仕訳処理ガイドブック』（保科悦久、大関琢也著、中央経済社。仕訳処理を扱った本は様々なタイプがあるので、自分の好みでチョイスしてください。）
- 『原価計算』（岡本清著、国元書房）

専門的な内容なので手ごろな価格の本ばかりとはいえませんが、会社にこうした本が置いてある場合は、参考にするとよいでしょう。

「ちょっと調べたい」「最新情報を知りたい」というレベルであれば、以下のウェブサイトを参考にするのも一案です。
- 会計ルール　日本公認会計士協会　https://www.hp.jicpa.or.jp/
- 税法の解説　国税庁　https://www.nta.go.jp/
- 新会計ルールの解説　ＡＳＢＪ財務会計基準機構　https://www.asb.or.jp/asb/

Lesson 1　経理業務のイメージをつかもう

6 新任経理に求められる知識レベル

「確実に知っておきたい知識」にターゲットを絞って勉強を。

まず熟知したいのは社内の経理規程！

　経理業務は幅広い知識が必要になるので、やみくもに勉強しても効率が悪いだけです。最初のうちは業務上、確実に必要になる知識だけを身につけるように心がけましょう。

　具体的には、経理規程、決裁基準、内部統制ルールといった自社の経理処理の方法を明記した規定を熟知してください。これは皆さんが不正会計に巻き込まれないためにも絶対に必要なことです。

モチベーションアップや転職などに役立つ資格

　新任経理セミナーを実施すると、「どんな資格の取得を目指せばいいでしょうか？」とよく聞かれます。

　実際のところ、経理業務を日常的に行なうのであれば特別な資格は不要です。ただ、下記のような資格の学習をすると、幅広い経理業務を効率的に学ぶことができ、皆さんのモチベーションアップにもつながるでしょう。

- 日本商工会議所「日商簿記検定2級」

　すべての会社に必要な「商業簿記」と、メーカー型に必要な原価計算の基本となる「工業簿記」を習得できます。ディーラー型の会社に勤めている場合は3級でも十分です。1級は相当難解ですが、取得すれば税理士試験の受験資格を得られます。

- 日本ＣＦＯ協会「ＦＡＳＳ経理・財務スキル検定」

　消費税・印紙税・源泉所得税等の、日常取引に対応可能な税務知識、会計の基礎知識を問う「ＦＡＡＳ」を受験するのも効果的です。

- 経済産業者認定「ＩＴパスポート」
- マイクロソフト社認定「ＭＯＳマイクロソフトオフィススペシャリスト」

　パソコンにまつわるＩＴの知識は経理担当者に不可欠ですが、苦手にしている人も多いのが現状です。経理に配属されたからには、Excelを使いこなし、データを必要に応じ抽出・加工できるレベルをマスターしてほしいと思います。

経理規程で定めている主な内容（例）

第1章　総則
　…目的や会計年度、経理責任者など
第2章　勘定科目・帳簿組織
　…証憑書類、作成書類、保存期間など
第3章　資金管理
　…出納、保管、資金予算、資金範囲・調達・運用、有価証券の評価など
第4章　棚卸資産
　…資産の範囲、取得価額、棚卸方法など
第5章　固定資産
　…資産の範囲、取得価額、減価償却など
第6章　業務
　…購買管理、販売管理、売上の計上基準など
第7章　原価計算
　…計算方法、原価区分、原価差異の会計処理など
第8章　IT
　…情報システムの運用・管理など
第9章　決算
　…決算整理、決算書類、会計処理基準など
第10章　予算
　…予算期間、方針、編成、統制、修正方法など
第11章　税務
　…統括責任者、税務調査など
第12章　監査
　…目的、対象、監査方法など

経理規程がない場合は、上司や先輩に、左記の内容について、タイミングを見て口頭で質問し、メモしておくとよいでしょう

ワンポイント　知識レベルをもっと高めたい場合

自社の経理ルールを熟知したら、その次の段階として、項目5で紹介した「公正なる会計慣行」の「企業会計原則」と会社法の「会社計算規則」を、さらに必要に応じて、金融商品取引法で規定される「財務諸表等の用語、様式及び作成方法に関する規則」（略して「財規」）をひも解いてみてください。
これらの規則は難しい文章が多く、とっつきにくいかもしれません。経理業務を通じて経験を積んでいくなかで、さっと流して読む、そうするだけでも専門用語が少しずつ理解できるようになるでしょう。千里の道も一歩から、です。

7 経理担当者としての心構え

重要情報を扱うからこそ自分を律することが求められる。

経理が日々扱っているのは、すべてインサイダー情報

経理担当者は、経営者をはじめとするビジネスパーソンと「数字」を使って意思疎通を図ることが仕事です。数字はコミュニケーションツールであることを心がける必要があります。

「数字」のなかには、合併や買収というM&Aに関する情報や新製品開発等の会社の機密事項に係るデータ、役職員の給与・人事データなどの個人情報も含まれています。新任経理の皆さんにとって、それほどの意味をもたないと感じる情報であっても、ある人からすれば大変貴重な情報の場合もあるので、細心の注意を払う必要があります。

特に、インサイダー取引には留意してください。インサイダーとは内部という意味です。つまり、新任経理担当者が扱っている取引は、すべてインサイダー情報なのです。思わぬ形で情報を漏らすことがあれば、皆さん自身がインサイダー取引に巻き込まれて嫌な思いをすることもあるので、くれぐれもデータや情報の取扱いには留意してください。

最近は、LINEやTwitter、FacebookなどSNS（ソーシャル・ネットワーキング・サービス）によるコミュニケーションが盛んですが、新製品開発公表前に、「今度うちの会社から○○が出ます！」などと一言つぶやいただけで、大変な目にあうこともあります。

誠実で論理的な思考が欠かせない

横領などを起こした経理担当者を、そのまま経理部門に在籍させ続ける会社をまれに見かけることがあります。

経営管理者のなかには経理に対する素養がない人も結構いるので、時としてこうしたことが起こりますが、筆者はその企業の無神経さを疑います。不祥事を起こした経理担当者に、機密事項などの重要データや会社の資産を管理させるのは本来あり得ないことだからです。

「会社で知った情報は漏らさない」「会社のデータは持ち出さない」。事実（数字）をもとに論理的に思考できることに加えて、経理担当者には誠実な態度が不可欠です。

インサイダー取引の基本を理解しておこう

 問題 次のうち、インサイダー取引となるのはどれでしょう？

東証上場会社Ａ社の経理部員であるあなたが次のような行為を行なった場合
①Ａ社が売上好調につき、上方修正する事実を知ったあなたは、妻の名義でＡ社の株式を購入した
②Ａ社が売上低迷につき、業績を下方修正する事実を部長の机の上にあったコピーで知ったあなたはＡ社株式を売却した
③Ａ社が新たな研究開発に成功したことを、研究開発部Ｂが食堂で他の同僚としていた会話から漏れ聞き、あなたはＡ社株式を購入した

 解説 あなたが意図せず罰せられないために「４つのキーワード」を最低限、理解しておこう！

インサイダー取引規制

⑴会社関係者は⑵重要事実を知った場合、その事実が⑶公表されるまでの間は、その会社の⑷特定有価証券等の売買等を行なってはならない。

⑴**会社関係者**…上場会社とその親会社・子会社の役員のほか、社員、パートタイマー、アルバイト等、重要事実の伝達を受けた「情報受領者」も含まれる
⑵**重要事実**…その会社の株価に影響を与える「重要な会社情報」
⑶**公表**…報道機関に公開後、12時間経過が「公表」とされる
⑷**特定有価証券等の売買**…「特定有価証券等」には、株券、社債券、優先出資証券、新株予約権証券、カバードワラント、他社株転換条項付社債券などが含まれる

問題の①②③の事例が「公表前」に該当すれば、インサイダー取引となる可能性が高い！
インサイダー取引とされると、５年以下の懲役もしくは500万円以下の罰金が科されるか、懲役と罰金が併科されることになる（金商法197条の２第13号）。また、インサイダー取引で得た財産はすべて没収される（金商法198条の２第１項第１号及び第２項）。
こうしたことのないように気をつけよう！

8 経理・会計の基本の「き」 ①数字の表現法

 数字は、自分以外の人にもわかるように書く必要がある。

「数字」はコミュニケーションツール

ビジネスにおける「数字」は、自分と他人をつなぐもの。経理担当者と経営管理者、会社と利害関係者など、すべて「数字」でつながります。

したがって、数字を使ってデータを表現するときは、「自分だけわかれば（読めれば）よい」というのではなく、誰が見ても（読んでも）わかるように表現する必要があります。

簿記以前の必須数字スキル

❶ 数字に見えるように書く
- 誰が見てもわかるように
- 0は0、3は3

❷ 位取りを行なう
- 3桁ごとにカンマを打つ
- 1,234,567,890

❸ 桁をそろえる

正しい例	悪い例
123	123
4,567	4,567
＋　890	＋　890
5,580	5,580

❹ 丸め方に気をつける
- 千円単位が基本、大会社の場合は百万円単位も
- 金額は切り捨てが基本
- 百分率（％）は四捨五入が基本

❺ 単位に気をつける
- 度量衡
  ＝円・ドル、g・kg、台・セット、ダース・カートンなど

❻ 見え消しを行なう

正しい例	悪い例
1,564	56
~~1,234~~	1,~~2~~34

9 経理・会計の基本の「き」 ②経理の6S

 「6S」に留意すると問題発見力や解決力が高まる。

6Sで見通しをよくしよう

初めて伺う会社で、筆者が真っ先に向かうのがトイレ。「トイレは心の鏡」といわれることもあるように、トイレが汚れている会社は必ず問題を抱えているからです。「業績不振や粉飾、横領など問題の深刻度は、汚れ度合いに応じて増す」——。そう著者は感じています。

一方、「強い会社」といわれる業績のよい組織のトイレはきれいです。どんなに旧式のトイレでも、業績のよい会社は清掃が行き届き、誰の目にも気持ちのよい環境が整っています。

同じことは経理業務にもいえます。**整理**・**整頓**・**清掃**がしっかりされ、**清潔**で、**しつけ**が行き届き、**作法**が整っている経理業務と担当者であれば、間違ったことが起こるはずがありません。

6Sで見通しをよくすれば、問題発見力・解決力が高まります。経営参謀見習いとしてビジネスに貢献するには、6Sの実践から始めましょう。

数字を扱うビジネスパーソンの6S

整理	必要なものと不必要なものをはっきり分ける。単なるメモと証憑を区別する。判断力が求められる
整頓	整理して残したものを、あとから見て誰にでもわかるように、使いやすいように整頓し、合理的に並べなおす
清掃	作業スペースは常にクリーンな状態を保てるようにする
清潔	整理・整頓・清掃の3S状態を常に維持していく。そうすれば仕事もはかどる
しつけ	決められたことを常に正しく遵守する習慣をつける。人間がやることだからこそ「しつけ」が不可欠
作法	当たり前を当たり前にできるようにする

> 請求書・領収書などの証憑(証拠書類・エビデンス)の保存・整理の良否は、のちの会計監査や税務調査などに影響を及ぼす!

10 経理・会計の基本の「き」 ③経理の5W1H

「5W1H」を意識した伝票起票を心がける。

経理資料の作成はここに気をつけよう！

　経理の仕事は、「数字」でコミュニケーションすることなので、経営数字を誰が見てもわかりやすく表現しなければいけません。そのためには、「5W1H」を意識して、経理資料を作成する必要もあります。

　なかでも、取引内容を記入する伝票には、必ず取引発生の年月日と簡潔な摘要の記載を行なう必要があります。

① **5W1H**（いつ、どこで、誰が、何を、なぜ、どのように、いくら）
　→　会計監査や税務調査等も意識し、取引内容を簡潔明瞭に記載しよう！

② **経理業務は自己完結型なので、誤りの訂正漏れもあり得る**
　→　伝票や稟議書には上長の承認印を必ずもらおう！

③ **問題があった場合、誰が責任を負うのか常に意識**
　→　Excelなどの計算資料（スプレッドシート）は承認行為を忘れがちなので注意して！

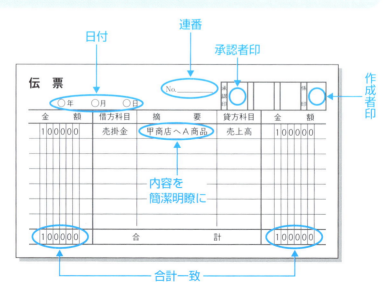

振替伝票（見本）

Lesson 2
新人が最初に任される「財務」の仕事と基本ルール

新任経理が担当する財務領域の主な仕事には、現金・預金等の「入・出・残」を管理する、出納業務があります。この仕事は「横領」と常に裏腹です。つまらないミスで管理の仕方を間違えれば、濡れ衣を着せられてしまうこともあるので注意してください。出納管理のポイントをしっかりマスターしましょう。

出納業務は「入・出・残」がポイント！

11 お金を出して、納めて、管理する出納業務の流れ

 「あらぬ疑い」をかけられないためにも、抜かりない管理を！

出納業務は経営管理の基本中の基本

現金・預金等のキャッシュは、会社の血液ともいわれます。血液が回らなくなると人は生きていけなくなりますが、キャッシュがなくなれば会社という「法人」は倒産してしまいます。

それゆえキャッシュの管理は、経営管理の最重要課題といえます。

キャッシュは、紛失や横領等の不正と隣り合わせの存在でもあります。出納管理している経理があらぬ疑いをかけられぬよう、自分の身を守るうえでも、入金と出金、残高の「入・出・残」をしっかり管理してください。

大量の現金を日常的に扱っている某金融機関担当者は、現金について以前、こんなふうに話していました。「現金は『単なるもの』として接するよう、心がけることが大事」。会社の現金に価値を見出すとリスクが生じます。自らを律するうえで参考にしたい一言といえるでしょう。

基本となる証憑は「請求書」と「領収書」

キャッシュを管理するなかで経理が扱うものに証憑（しょうひょう）があります。証憑とは、取引内容が記載された証拠書類のことです。

売上や仕入といった取引の発生にともない、請求書や領収書という証憑が授受されます。取引先から受領した請求書・領収書等を外部証憑、自己が作成し取引先に発行したその控え等を内部証憑といいます。

申告内容を税務署等がチェックする税務調査や、財務状況が決算書類に適正に表示されているかを監査役や第三者がチェックする会計監査では、請求書・領収書等が取引事実の検証資料として用いられます。一般的に「外部証憑は強く、内部証憑は弱い」という証拠力の差があります。

ワンポイント　ネット金額とグロス金額の違い

見積書に「ネット金額」「グロス金額」と表記されるケースがあります。建設業界等では一般に「ネット金額」は原価、「グロス金額」は利益込の価格を指すことがあります。ただし、こうした言葉の意味合いは業種によって異なることもあるので、上司や先輩に確かめましょう。

取引内容が正しく記載されているか、必ず検証しよう！

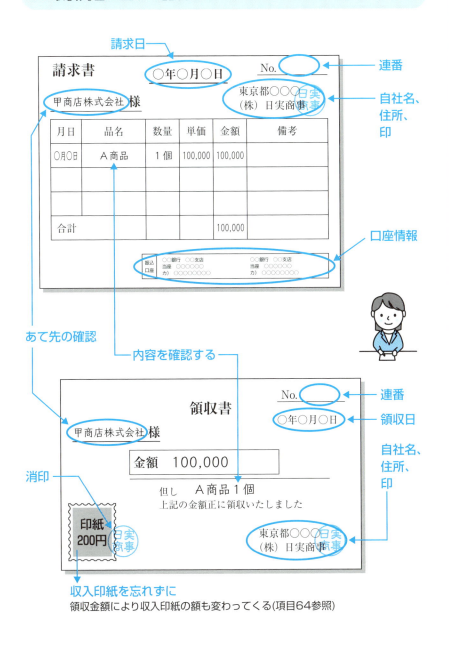

12 現金・預金にはいろいろな種類がある

 現金・預金は多種多彩。自社にどんなものがあるか確かめよう。

会社はメリット・デメリットを考慮して使い分けている

　一口に現金・預金といっても多種多彩です。会社はメリット・デメリットを考慮し、それらを使い分けています。新任経理担当者は、会社の経理規程や元帳を見たり、先輩に質問するなどして、勤務先にどのような現金・預金があるのか、まず確かめるようにしましょう。

キャッシュの範囲は経営判断によって決まる

　貸借対照表（B/S）に計上される現金・預金の動きを表わす決算書がキャッシュ・フロー計算書（C/F）です。ただし、B/Sの現金・預金とC/Fのキャッシュは、必ずしも同じでないことに留意してください。

　C/F上のキャッシュは、現金及び現金同等物です。

　C/Fの「現金」は、手許現金及び普通預金・当座預金・通知預金などの要求払い預金を指します。つまり、C/Fの「現金」はB/Sに計上される現金のすべてと、預金の一部を指します。

　一方、C/Fの「現金同等物」は、容易に換金可能であり、かつ、価値の変動について僅少なリスクしか負わない短期投資をいいます。

　たとえば、取得日から満期日または償還日までの期間が3か月以内の短期投資である定期預金、譲渡性預金（CDといいます）、コマーシャルペーパー（CPといいます）、売戻し条件付現先、公社債投資信託（ワンポイント参照）などです。

　したがって、たとえば期間が3か月を超える定期預金は、B/Sでは預金でも、C/F上の現金同等物から除かれます。一方、B/Sでは有価証券として現金・預金と区別される、譲渡性預金やコマーシャルペーパー等は、C/F上は現金同等物として扱われ、C/Fのキャッシュの範囲に含まれます。

　具体的にC/Fの現金同等物に何を含めるかは、経営者の判断によります。C/Fを作成している会社では、決算書を作成するための「会計方針」を確かめるとともに、「連結財務諸表等におけるキャッシュ・フロー計算書の作成に関する実務指針」などのルールも参考に、自社が何をキャッシュの範囲に含めているかを把握することも必要です。

現金・預金の種類を押さえよう！

現　金
手許にある通貨
他人振出しの小切手
預金小切手（預手）
送金小切手
郵便為替証書
郵便振替支払通知書
期限到来済みの公社債利札
配当金領収証
国庫金送金通知書　など

預　金	
普通預金	預入れ・払出し自由。個人の普通預金と一緒
当座預金	小切手、手形を振り出す、資金繰りの要。金利はつかない
通知預金	7日以上の預入れ、2日以前の解約予告が必要
定期預金	一定期間引き出せない代わりに、高い金利がつく
定期積金	定期的に掛金を払い込み、満期日に給付金を受け取る
別段預金	会社設立や増資などの資金を一時的に管理する預金
納税準備預金	納税用の資金を預け入れる預金。利子は非課税
仕組預金　など	デリバティブのしくみを使う、リスクのある預金

＊B/Sの「現金・預金」と、キャッシュ・フロー計算書上の「キャッシュ」の取扱いは、若干異なることに留意

ワンポイント　C/Fの現金同等物について（補足）

・譲渡性預金……譲渡が可能な無記名の預金証書
・コマーシャルペーパー……短期資金を調達するために発行する無担保の割引約束手形
・売戻し条件付現先……一定期間後に買い（売り）戻すことを約束する取引
・公社債投資信託……社債や国債・地方債といった公社債だけに投資する投資信託

Lesson 2　新人が最初に任される「財務」の仕事と基本ルール

13 会社にお金が入ってきたときに行なう収納業務の留意点

入金した金銭はその日のうちに処理を！ 収納フローを押さえよう。

領収書は現金と同様、厳重に扱おう

現代では銀行振込みが一般的なため、会社が現金を受け入れる機会は少なくなっていますが、皆無ではないと思います。収納業務のポイントは、**入金事実の発生・照合**をし、**入金手続き**をしっかり行なうことです。入金した金銭は、その日のうちに処理しましょう。

入金管理のポイント

収納フロー	収納業務の流れ	収納業務のポイント
①金銭授受	受け入れた金銭（現金書留等を含む）を、社内金庫等に確実に収納する 金銭を誰が受け取り、誰に渡したか、金銭受渡簿等で明確にする	売上入金が中心となる収納業務では、営業部門に入金予定表を作成してもらうことも収納業務を円滑に進めるために重要
②領収書発行	入金後、領収書を発行する 先方が領収した事実を明らかとするため、領収証控に先方の認印・署名をもらうと確実	領収書は、先方から見れば経費処理の証拠資料であり、現金同様、厳重に扱うべき 連番管理を行なう。領収印を事前に押印するなどは絶対してはいけない
③入金起票	領収書控をもとに、入金伝票を発行する。その際、領収書番号を記載するとよい 銀行振込等で領収書控がない場合、その旨を入金伝票に記載する	入金事実が記された入金伝票が決算書に反映される 必ず、入金伝票に起票者と承認者の署名・押印をする チェックなき伝票は不正の温床になるので要注意
④銀行預入	社内金庫の金銭は、原則、銀行にすべて預け入れる 不正や誤謬または防止の観点から、支払いが必要な資金は、別途引き出すようにする	入金した金銭は、紛失・盗難・横領などを防止するため、その日のうちに銀行に入金すべき
⑤帳票整理	入金事実が記帳されたことを後日照合するため、各帳票間にリファー（関連番号）を付しておく	後日の会計監査や税務調査等で利用することを前提に証憑書類の整理整頓を心がける

14 会社からお金が出ていくときに行なう支払業務の留意点

支払フローをしっかり押さえ、二重支払防止に要注意！

「領収書と引換えに出金」を原則にする

高額な支払いの場合は銀行振込や小切手を用意することになります。支払業務のポイントは、出金内容の把握・検証をし、出金手続きをしっかり行なうことです。すでに支払いの済んだ人に再度支払ってしまう二重支払防止にも留意してください。

出金管理のポイント

支払フロー	支払業務の流れ	支払業務のポイント
①出金検証	社内ルールに基づく適正な承認権限のもと、出金すべき内容であることを、証憑書類とも突き合わせ検証する	その出金要請が、そもそも会社の支払うべきものかどうか検討する 営業部門などで部長承認等がなされた出金か確かめる
②出金手配	現金、小切手、銀行振込み、郵便振替などの出金の方法を、出金先である業者の請求書等で確認し、指図する 支払日を事前に決定する	現金払いは少額に限定する。現金に色はなく、不正と隣り合わせという点を常に意識。出金事実を把握できる銀行振込みが原則。資金ショートしないか、支払資金のチェックも大事
③出金実行	出金は領収書と引換えが原則。振込みの場合、振込用紙への銀行届出印の押印は権限のある者が行なう 銀行印利用簿等を用いれば、より確実	固定資産の購入などで多額の出金をする際、その資金の正当な受取人であることを検証するため、印鑑届をとって照合することも有効
④二重支払防止	二重支払防止のため、支払伝票・請求書・領収書に「支払済」と押印するとよい	振込依頼書や支払一覧表で支払うことを原則とし、個別支払いは少額に限定することも不正・誤謬（ごびゅう）防止の観点から推奨
⑤帳票整理	出金事実が記帳されたことを後日照合するため、各帳票間にリファー（関連番号）を付しておく	後日の会計監査や税務調査等で利用することを前提に証憑（せいひょう）書類の整理整頓を心がける

Lesson 2 新人が最初に任される「財務」の仕事と基本ルール

15 お金の出入りを確かめる 現金の残高管理の留意点

 現金に色はない。不正の温床となりやすいので徹底管理を。

基本的な現金の残高管理をしっかりと

不正の温床となりやすい現金管理は次のポイントを押さえてください。

①現金取引は原則「少額・小口に限定」する

現金で出金できる上限金額や事由が規定されている場合は、その内容を確認します。不正会計では、役員が多額の出金要請をした事例もあります。このような場合は、上司に必ず相談・承認を得てから出金しましょう。

②定額資金前渡法（インプレストシステム）の「定額」を知ろう

あらかじめ定められた金額を各部署に前渡しする小口（こぐち）現金制度が採用されるのが一般的です。定額資金前渡法が採用されている場合、「定額」の額等を社内ルールで確認してください。この定額と比較して、現金出納帳の残高が大きく乖離（かいり）している場合、横領等の不正会計の存在が疑われます。

③メモ払い等による出金は、絶対にダメ

小さな営業所では、メモ払いや仮伝票により出金することがありますが、事務効率が悪く、不正の温床となるので絶対にやめましょう。

④金種別明細表は毎日定時に作成し、終業しよう

1万円札や1円玉といった金種別の現金残高内訳表が金種別明細表です。次ページ表の左側にあるような様式は最低限あるはず。金種別明細表を毎日作成・承認を受けてから帰社する、この基本的な動作が、皆さんを不正会計から守る最低ラインの行動です。

⑤現金等価物も現金と同様に残高管理する

現金化できるものを管理対象にしている会社もあります。切手やはがき・収入印紙のほか、文房具やノベルティグッズを管理するケースもあるので、社内ルールを確認してください。現金同様、誰が・いつ・何の目的で・いくら使用したのかが現金等価物の管理ポイントです。

金種別明細表の様式例と作成上のポイント

1万円が5枚、5千円が1枚、100円が8枚、合計55,800円

	数量	金額
1万円	5	50,000
5千円	1	5,000
2千円	0	0
1千円	0	0
5百円	0	0
1百円	8	800
50円	0	0
10円	0	0
5円	0	0
1円	0	0
合計金額①		55,800
作成者署名		佐藤

3月31日現金残高		60,000
4月1日入金（＋）		12,000
4月1日出金（－）		16,200
4月1日現金残高		55,800
合計金額①との一致検証	一致 ・ 不一致	
不一致理由		
【入金内訳】 A商店から売掛金の回収		12,000
当日入金合計		12,000
【出金内訳】 B産業、甲営業所開設 祝い金（別紙、案内書添付）		10,000
Cカンパニー、文房具購入（別紙、 請求書、領収書添付）		6,200
当日出金合計		16,200
承認者署名	村井	4/1

- 入金内訳、出金内訳は、別紙でもかまわないが、入出金がわかるようにする
- 作成は当日中に行なうことが原則
- 承認を必ずもらう
- 現金残高（合計金額①）と帳簿上あるべき残高（4月1日現金残高の金額）が不一致となることは、原則ない。何らかの理由で不一致が生じた場合、必ず上司に報告し、承認を得る

ワンポイント 作成するときはココに気をつけよう！

- 金種別明細表には必ず作成者の署名・押印をしよう
- 検証者（上司等）の署名・検印をもって、1日の経理業務を終業する習慣をつけよう
- 定期的に第三者に現金実査してもらおう（不正や誤謬（ごびゅう）の防止）

16 振込履歴を確かめる 預金の残高管理の留意点

 残高の不一致は不正につながる。必ず日々チェックを！

入金 ➡ ただちに銀行に預け入れる

入金の痕跡を残すためにも、現金は銀行にすぐに預け入れます。地方の営業所では「銀行が遠い」などの理由から、毎日預け入れていないこともありますが、最低限、日々の入出金記帳は行なうようにしてください。

横領などの不正実行者は、わざと日々の入出金の記帳を行なわず、期首・期末、月初・月末等だけ、帳簿残高を実際の残高に合わせるキセルという不正行為を行なうこともあります。誤謬を防ぎ、自らの潔白を証明するためにも、日々の入出金記帳を必ず行なうようにしましょう。

預金 ➡ 種類別・銀行別に管理する

定期的に銀行口座ごとの元帳残高と、金融機関から取り寄せる残高証明書、通帳残高との突合を行ないましょう。期末は全口座の残高証明書を入手します。これは、預金の実在性を検証するために不可欠な手続きです。

一般に、残高証明書を自動的に郵送してもらう契約を金融機関と締結していますが、郵送されない場合は契約締結の有無を確認してください。

また、すでに使われていない口座があれば、その口座の存続の必要性を上司に確認し、口座解約することも、管理コスト削減のために有効です。

当座預金 ➡ 残高調整表を作成する

当座預金は、小切手決済の入出金タイミング等により会社帳簿と銀行残高が不一致となることがあります。これを調整するのが当座預金残高調整表です（次ページ図表）。まれに、このズレを利用した不正会計（主に横領・背任を原因とするカイティング＝預金の水増し）が行なわれもするので、少なくとも月次で当座預金残高調整表を作成することは不可欠です。

ID、パスワード ➡ 他人に絶対教えない

ネットバンキング等のID・パスワードは絶対口外してはいけません。誰かがなりすましてお金を引き出せば、あなた自身が窮地に立たされます。権限外の者に強要されたら、必ず直属の上司に報告・連絡・相談を！

当座預金残高調整表（様式例）

差額発生要因を調査したところ以下の事実が判明した。

①得意先であるＡ商事からの売掛金9,500円が振込みにて回収されていたが、未通知であったため記帳していなかった。
②仕入先であるＢ産業へ小切手で5,600円支払ったつもりでいたが、小切手を振り出しただけで相手に渡していないことが判明した。
③夜間金庫に預け入れた現金16,000円が、銀行では翌日入金された。
④自動引落の会費1,000円が未記帳であった。
⑤文房具を購入した際、5,400円とすべきところ、4,500円と記帳ミスしていた。
⑥仕入先であるＣカンパニーに渡していた小切手11,000円が先方都合によりまだ引き落とされていなかった。

- 当社の3月31日現在の当座預金元帳残高は36,800円
- 銀行から入手した3月31日現在の残高証明書の当座預金残高は45,000円

	当社「当座預金元帳残高」	銀行「残高証明書残高」
3月31日現在の残高	36,800	45,000

差額 8,200円

			当社	銀行
（＋）	未記帳預入	①	9,500	
	未渡小切手	②	5,600	
	時間外預入	③		16,000
	加算合計		15,100	16,000
（－）	未記帳引出	④	1,000	
	誤記入訂正	⑤	900	
	未取付小切手	⑥		11,000
	減算合計		1,900	11,000
	調整後残高		50,000	50,000

一致

⑤のように、5,400円を4,500円と「５」「４」を逆にしてしまうことがある。差額が**9の倍数**のときはこうした入力ミスを疑ってみよう！

17 代金決済に使われる有価証券 ①小切手の留意点

 小切手は要件を満たしていないと効力を失うので要注意。

受取人名の記載がないのが小切手の特徴

　小切手は、小切手法で規定される有価証券です。多額の現金持ち運びが必要になるとき、運搬の煩わしさと危険を避けるため使われます。

　小切手は、振出人が自分の取引銀行に支払いを委託する証券で、様式が決められています。記載漏れがあると小切手の効力はなくなるので注意してください。

　次項18で解説する手形と違い、小切手には受取人名の記載がありません。これは持参人払といって、小切手を持っている人に現金が支払われます。小切手を受け取った人は、支払人である銀行に小切手を持ち込む（＝呈示する）ほか、取引銀行に取立依頼すれば小切手金額を受け取れるのです。

　小切手は、それを呈示した人に小切手金額が支払われるので、紛失・盗難リスクを避けるため、線引するのが一般的です。小切手に二重の平行線を単に記載するほか、二重線の中に"ＢＡＮＫ""銀行渡り"等の文字が入る場合もあります（次ページ図）。

　線引すると、支払銀行（甲）は自行と直接取引のある人、または小切手の所持人から取立依頼された銀行（乙）にのみ、小切手金額を支払います。

　つまり、線引小切手の所持人が、支払銀行と取引がなければ、甲→乙→所持人と段階を経て小切手金額が支払われ、不正行為を防止できるわけです。これを一般線引といい、銀行名の入ったものを特定線引といいます。

　作成するときは、小切手の耳と呼ばれる控え部分に所定事項の記載と割印（本体部分と控え部分の間に押印）するようにします。

　受領するときは、呈示期間が振出日の翌日から10日以内（最終日が休日の場合、翌営業日まで延長）とされている点に注意します。

原則「預金勘定」で経理処理する

　小切手の会計処理ですが、受取りや振出しは預金勘定で経理処理します。ただし、先日付小切手（振出日より先の日を振出日付として記載した小切手。例：4月1日に受領した4月30日振出日の小切手）を受領した場合、受取手形勘定で経理処理するのが簿記上の一般的な取扱いです。

これが小切手だ！

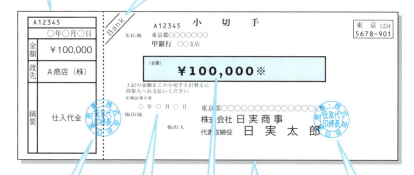

- 「小切手の耳」と呼ばれる控え部分を保管
- 紛失・盗難リスクを避けるために「線引」する
- 割印
- 振出日は記載されているか？
- 手形と異なり印紙は不要！
- 振出人の印はあるか？

数字は、チェックライターではアラビア数字、手書きでは漢数字で！

チェックライターを使う場合

¥100,000※

3桁ずつカンマで区切り、金額の前に「¥」、後ろに「※」を付す

漢数字で記載する場合

金壱拾萬円也

金額の前に「金」、後ろに「円也」を付す

壱　弐　参
壱拾
　　　弐百
　　　　　参千
　壱萬

Lesson 2　新人が最初に任される「財務」の仕事と基本ルール

18 代金決済に使われる有価証券 ②手形の留意点

 手形金額が10万円以上の場合は収入印紙が必要になる。

手形には「約束手形」と「為替手形」の2種類がある

　手形は、手形法で規定され、指定日に指定の金額を支払うことを約束した有価証券です。手形には、約束手形（手形を発行する人が一定金額の支払いを約束する手形）と為替手形（手形を発行する人が一定金額の支払いを第三者に対して依頼する手形）の2種類があります。どちらも支払いを約束する証券で、一定期日まで支払いを延ばすことができ、支払期日が到来した手形は、受取人が取引銀行に取立委任することで現金化できます。

　手形は、取引先の支払いにあてるなど、手形上の権利を譲渡する（受取人を変えながら指定日までの間、支払いの手段として流通させる）手形の裏書をすることができます。

　銀行に手形を裏書譲渡する手形割引により、支払期日までの利息＝割引料を差し引いた金額を受け取れ、支払期日前に現金化もできます。

手形は銀行から交付を受けた用紙を使う

　手形は、支払場所の銀行で決済を受けるため、銀行から交付を受けた手形用紙を使います。

　手形用紙には、次ページ上図（約束手形）のように、受取人、金額、振出日、支払期日、振出地、振出人を必ず記載のうえ、銀行へ届け出てある記名捺印をします。小切手と同様、手形も後日の管理のため、手形の耳と呼ばれる手形控えにも所定事項を記載し、割印することを忘れないようにしましょう。

　なお、法人が振り出す場合、法人名・代表資格を記入し、署名または記名捺印をしますが、その際、代表資格は、代表者であることを明示する必要があります。

　たとえば、会社（株式会社・有限会社・合同会社・合名会社・合資会社）の場合は会長・社長・専務取締役・常務取締役・支配人など、会社以外の法人（学校法人・医療法人・協同組合等）の場合は理事長・理事・組合長・代表理事などの代表資格を記載する必要があります。

約束手形（上図）と為替手形（下図）

- 「手形の耳」と呼ばれる手形控を保管
- 手形の金額が10万円以上の場合は、収入印紙が必要
- 受取人は盗難・紛失に備えて必ず記入
- 支払期日は、期日を記入していないと一覧払い（呈示した日を期日とするもの）とみなされてしまうので必ず記入
- 割印
- 金額訂正はできない！数字は、チェックライターではアラビア数字、手書きでは、漢数字で記入する
- 法人の場合は必ず法人名、代表資格を記入のうえ署名

為替手形には引受人の記名捺印の欄がある

手形取引における会計上の取扱い

	手形の受取り	手形の振出し
通常の営業取引	流動資産の部「受取手形」	流動負債の部「支払手形」
営業取引以外	たとえば「営業外受取手形」	たとえば「営業外支払手形」
支払期日が決算日後1年超	固定資産の部・投資その他の資産に計上	固定負債の部に計上

19 手形を受け取るときと裏書するときのチェックポイント

「受け取らないほうがいい手形」はこうして見極めよう。

手形を授受する際のチェックポイント

- 振出日、支払期日は暦にある日ですか？（うるう年は要注意！）
- 金額などに訂正、改ざんはありませんか？（金額訂正は認められません。チェックライターの場合はアラビア数字、手書きの場合は壱・弐・参などの漢数字で記入）
- 署名は正しいですか？（振出人の法人名と代表者名または代理人名の記載・捺印が必要）
- 手形用紙が所定の銀行交付の用紙となっていますか？
- 自分の氏名が正しく記入されていますか？

裏書されている手形（廻り手形）を授受する際のチェックポイント

- 裏書の署名は正しくなされていますか？
- 振出日、支払期日の日付に矛盾はありませんか？（支払期日後の振出日はあり得ない）
- 白地手形（受取人・金額等が未記載）となっていませんか？
- 裏書は連続していますか？（不連続は裏書不備で銀行に支払拒絶される）

正しい裏書の方法を押さえよう

自分が受け取った手形をほかの人に渡す、いわゆる裏書する場合、手形の裏面（裏書欄）に裏書して手形を渡しますが、いくつかの留意点があります（なお、「被裏書人」「裏書日付」欄は、実務上、空欄が多い）。

- 手形金額の一部だけを譲渡することはできません。（電子記録債権は、小口分割の割引・譲渡が可能です。60ページCOLUMN参照）
- 「目的」欄は必要のある場合のほかは記載不要です。ちなみに、目的欄には、（イ）担保責任を負わない（無担保裏書）、（ロ）以後の裏書を禁ずる（裏書禁止裏書・禁転裏書）、（ハ）質入、（ニ）取立委任など、必要がある場合に記載します。
- 実務上、裏書欄に署名（ゴム印可）押印して、住所を記載します。

裏書欄の記載方法

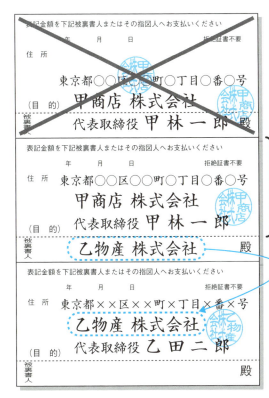

大きな間違いは、裏書人欄全体を抹消し、次の欄へ正しく記載する。訂正印を忘れずに

この枠内に記入する

連続性を確かめる

裏書手形は「裏書の連続性」がポイント！

小さな訂正の場合、二重線と訂正印でもOK
手形は法律要件の厳格な書面。手形割引のため約束手形に裏書署名する場合、株式会社を(株)等と略してはいけない

20 危ない取引先をどうやって見分けるか

 取引先の経営状況をことあるごとに把握しよう。

資金繰り悪化の可能性があると起こる現象

- 手形の決済期間が長くなった
- 先日付小切手になった
- 現金と手形の決済比率が、手形に偏り出した
- 手形の振出銀行が変わった（特にメイン銀行から別の銀行への変更は要注意）
- 手形の決済期日の延期(ジャンプ)を頼まれた
- 廻り手形の振出人に、取引先の業種と関連性がない手形が混入し始めた（融通手形の可能性）

業績悪化にともなう異常取引の可能性があると起こる現象

- 急に取引量が増えた（循環取引の可能性）
- 手形の社判・印鑑が不鮮明な手形が多い（意図的に手形要件を満たさない可能性）

取引先の経営環境の変化にも要注意

- 主要な取引先の倒産があった（連鎖倒産の可能性）
- 役職員の入れ替わりが激しくなった。特に、中心的存在の役職員や女性社員の頻繁な退職には留意（社内でパワハラや粉飾が横行している可能性）
- 他社や銀行から役員が入り、役員の退職が目立つ（経営不安の可能性）
- 在庫が急に増えた、もしくは減った（粉飾の可能性や資金繰り悪化の可能性）
- 経営者の不在が多くなった（資金繰りに奔走の可能性）
- 経営者の顔色が悪く、社内の雰囲気も暗くなった（業績悪化の可能性）
- 社員の態度が無愛想になり、社内の汚れが目立つようになった（業績悪化の可能性）
- 販売先、仕入先が急変した（取引不安の可能性）
- 業種・業界と関係ない人物が出入りし始めた（黒い影の存在）

こんな危険な取引には要注意！

融通手形

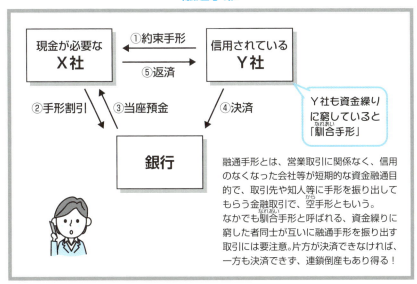

循環取引

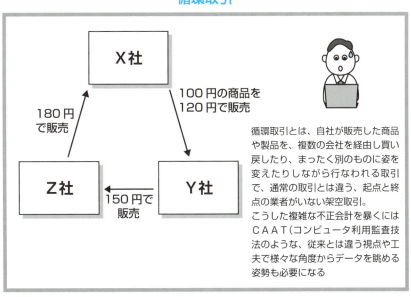

21 輸出入取引をするときの外貨に係る経理処理

 外貨建取引のある会社では「為替換算」も必要。

為替換算は「取引時・決済時・決算時」で考えよう

　日本法人は決算書を日本円で表示します。アメリカに輸出してドル売上が計上されれば日本円に換算し、アメリカから輸入仕入すればドル仕入高を日本円に換算する必要があります。これを、<u>外貨建取引の為替換算</u>といいます。

　為替換算は、取引時・決済時・決算時に分けて考えてください。

【取引時】
　売上高や仕入高等、P/L計上される取引は原則、取引時の<u>為替レート</u>で換算します。1ドルの売上は、その日の外国為替レートが100円であれば100円です。ただ、貿易商社のように膨大な取引がある場合等、日々のレート換算が面倒だったり、困難であったりもするので、継続適用を条件に、前月の<u>平均レート</u>や<u>月末レート</u>を用いることもできます。

【決済時】
　売上高や仕入高等があれば<u>売掛金</u>や<u>買掛金</u>などの<u>金銭債権債務</u>が、B/Sに計上されます。こちらは取引計上後、決済するまでB/Sに残置します。決済時のレートは、取引時と異なるので、これらのレート差を認識し、営業外損益項目として<u>為替差損益</u>を計上する必要があります。

　掛売上1ドル100円で取引、決済時レート110円であれば、差引10円の為替差益を認識し、営業外収益に計上します。なお、取引ごとの為替差損益は、差益・差損のどちらもあります。期末日にこれらを<u>相殺</u>（そうさい）し、為替差損益をネット表示する決算整理仕訳が必要になる点は要注意です。

【決算時】
　期中にすべての外貨建金銭債権債務が決済されるとは限りません。決算日に残置する外貨建の売掛金や買掛金等もあります。

　こうした外貨建金銭債権債務は、期末日レートで換算しなければなりません。なぜなら、こうした期末に残置する外貨建金銭債権債務は、期末時点でキャッシュを生み出す能力がいくらあるのかB/Sで示す必要があり、期末日レートで換算替えする必要があるからです。外国通貨や外貨建有価証券も同じですが、子会社等の関係会社株式は取得時レートで評価します。

決算時の外貨に係る処理はこうする！

外国通貨		期末日レート
外貨建金銭債権債務		
外貨建有価証券	売買目的	
	満期保有目的	
	その他有価証券	
	関係会社	取得時レート

TTB (Telegraphic Transfer Buying rate　対顧客直物電信「買相場」) 銀行が顧客に対して外貨を買い取る（外貨を円にする）際に用いるレート	収益、資産に適用可	継続適用が条件
TTM (Telegraphic Transfer Middle rate　対顧客直物電信売買相場の「中値」) 銀行が外国為替取引をする際、顧客に対して基準として用いるレート	原則	
TTS (Telegraphic Transfer Selling rate　対顧客直物電信「売相場」) 銀行が顧客に対して外貨を売る（円を外貨にする）際に用いられるレート	費用、負債に適用可	

ワンポイント　為替レートの変動リスク

為替レートの変動リスクを避けるため、為替予約等を行なっている会社もあります。この場合、『金融商品に関する会計基準』『金融商品会計に関する実務指針』等で定めるヘッジ会計を適用することになります。会社が輸出入取引等をするとき、どのような換算処理をしているか、経理規程等で確かめましょう。

電子記録債権を使うときの留意点

　会社等の資金調達円滑化を目的に2008年に始まった電子記録債権は、紙の手形や売掛金の課題を克服した新たな金銭債権です。国内には「でんさい」「電手」など４つの電子記録債権があります。

　紙の手形では、発行→郵送→集金のように、処理するまでに時間やコストがかかります。一方、電子記録債権は、電子データ送受信等で発生・譲渡・支払い等の記録が瞬時に行なわれ、記録機関の記録原簿でデータとして管理されることから、手形の作成・交付・保管に係るコストを大幅削減、手形の紛失や盗難といった現物管理にともなうリスクもなくなります。

　電子債権ゆえ、郵送料や印紙も不要、コスト削減・節税効果もあります。

　最大のメリットは、手形の分割が可能になった点。額面100万円の手形をＡ社に70万円、Ｂ社に30万円というように額面を分割して裏書譲渡することは紙の手形では不可能でしたが、電子記録債権は分割可能です。

　このように、電子記録債権は多くのメリットがあり、経理の現場に急速に普及しています。

　元をただせば、電子記録債権も「キャッシュをもらえる権利＝金銭債権」なので、従来同様の債権管理をすればよいわけです。

　ただし、電子記録債権は電子化されたデータなので、少なくとも従来と違う次の視点が必要です。

　まず、電子記録債権導入後は、マスタデータの維持管理が必要です。

　全国銀行協会の「でんさい」の場合、９桁の利用者番号がでんさいネットから付与されます。項目75・76で紹介するＶＬＯＯＫＵＰ関数を使い、この利用者番号と、すでに補助元帳等で利用している取引先番号や決済口座番号との関連付けが経営管理を効率的・効果的に行なうポイントです。

Lesson 3

最低限知っておきたい「会計」
①起票・記帳の基本

新任経理担当者が日常的に任される経理業務は、請求書や領収書といった証憑をもとに伝票を作成する「起票」と、伝票等に基づいて日々の取引を管理台帳に記録する「記帳」が中心になります。ポイントをしっかり押さえましょう。さらに、決算書のおおまかなしくみや決算作業の流れも併せて理解してください。

起票と記帳が経理業務のイロハです！

22 起票・記帳業務をこなすために知っておきたい基本ルール

 多くの企業でIT化が進む経理業務にも対応できるようになろう。

起票・入力したら承認してもらう

　お金やモノ等が出入りした取引は証憑（請求書や領収書など）をもとに伝票を作成し、経理処理の証拠を残します。この作業を起票といいます。起票内容は、係長や課長といった決裁権がある人が承認した後、仕訳帳や総勘定元帳などに書き写し「転記」します。

　近年、パソコンを使った会計システムを導入し、記帳などの経理業務の効率化を図っている会社も多いと思います。なかには、仕訳データの入力だけで済ませる伝票レスの場合もあります。この場合も決裁権のある上司による電子承認は必要です。また、独自システムを開発して決算申告資料まで自動作成できるようにしている会社もあるので、記帳等に関するルールをIT統制の面から上司や先輩に確認してみましょう。

複式簿記での左右の言い換え

　経理業務では、左側を借方、右側を貸方といいます。これが複式簿記での左右の表現法です（両者を合わせて貸借といいます）。

　覚え方は簡単です。それぞれを平仮名に直したときの「り」と「し」の1文字に注目し、跳ねる方向が左になるのが「借方」、右になるのが「貸方」、ビジュアルで覚えましょう（次ページ上の図表参照）。

　ちなみに、英語ではデビクリ（Debit・Credit）。ドイツ製のＥＲＰ（Enterprise Resource Planning、統合型業務ソフト）を使っている会社であれば、借方・左側をＳ（Soll ゾール）、貸方・右側をＨ（Haben ハーベン）と表現したりします。

帳簿の保存期間は原則10年

　会社が備えるべき帳簿書類等は、会社法や法人税法施行規則といった法律で明確に規定されています。保存期間については、最も長く定めている会社法432条の「10年間保存」を意識しておけば原則ＯＫです。

　なお、社内規程でファイリングのルールを定めている場合もあるので、確認してください。

「左右」の言い換えを覚えよう！

か**り**かた
左向きなので
借方は左

左	右
か**り**かた 借方	か**し**かた 貸方
デビット（デビ）	クレジット（クリ）
S（Soll、ゾール）	H（Haben、ハーベン）

か**し**かた
右向きなので
貸方は右

たとえば、「現金売上高を100万円計上した」という取引を「仕訳する」場合、「現金100万円が増えた」「売上高が100万円あった」という2つの要素を「伝票」に起票し、これをもとに「仕訳帳」に記帳する。左右一対の複式で取引を帳簿に記録するしくみなので、これを「複式簿記」という

（借方）現金　100万円　　　（貸方）売上高　100万円

実務では、上記仕訳のように借方・貸方ともに1つずつの仕訳もあれば、複数の項目となる「複合仕訳」「諸口仕訳」となることもある。いずれにせよ、左右＝借方・貸方（デビクリ・SH）の金額は一致する

経理文書の主な保存年限

主な対象文書	保存年限	主な法律
会計帳簿及び事業に関する重要書類 （総勘定元帳、各種補助簿、株式申込簿、株式割当簿、株式台帳、株式名義書換簿、配当簿、印鑑簿など）	10年	会社法 432条
計算書類及び附属明細書 （貸借対照表、損益計算書、株主資本等変動計算書、個別注記表など）		会社法 435条
取引に関する帳簿 （仕訳帳、現金出納帳、固定資産台帳、売掛帳、買掛帳など）	原則7年	法人税法 施行規則 59条
決算に関して作成された書類 （会社法で10年保存が義務づけられている書類以外）		
現金の収受、払出し、預貯金の預入れ・引出しに際して作成された取引証憑書類 （領収書、預金通帳、借用証、小切手、手形控、振込通知書など）		

23 決算書の基本的なしくみ
～5つの箱の意味と位置～

 基本の財務2表――「貸借対照表」と「損益計算書」を理解しよう。

上3つの箱がB/S・貸借対照表

次ページ図①～③が、**一定時点の財政状態**を表わす**B/S（貸借対照表、Balance Sheet）**です。

①**資産**は、現金や預金、有価証券など換金性の高いもののほか、売上代金の未収分（**売掛金**）、建物等の固定資産などの**勘定科目**（表示金額の名目を表わす科目）からなります。現金もしくは入金される権利などを表わすので、資産を概念的に**積極財産**といいます。

②**負債**は**消極財産**とも呼ばれます。将来現金を支払う予定のあるもの、たとえばツケで買った仕入代金（**買掛金**）や、金融機関からの**借入金**などが負債の代表的な勘定科目です。

③**純資産**は、事業資金の元手である**資本金**と、企業活動で得た利益の累積額である**剰余金**などから構成されます。要は資産（積極財産）と負債（消極財産）の差額なので「純資産」です。

下2つの箱がP/L・損益計算書

次ページ図の④と⑤が**一定期間の経営成績**を表わす**P/L（損益計算書、Profit & Loss statement）**です。

④**収益**は、本業による稼ぎを表わす**売上高**、本業ではないが経常的に発生する受取配当金のような**営業外収益**や、土地の売却益など特別な理由で発生する**特別利益**のような勘定科目で構成されます。

⑤**費用**の1つに、本業の稼ぎに対応する原価（コスト）があります。製品製造や商品仕入に係る**売上原価**と、販売や本社管理に係る**販売費及び一般管理費**（略して、**はんかんひ**）です。このほか、借入金に係る支払利息のような**営業外費用**も含まれます。

こうした費用は、経営に必要な費用ということで**経費**といいます。

経費の広い意味には、土地売却損のような**特別損失**も含まれます。ＪＡＬ（日本航空）を立て直した稲盛和夫氏は著書『稲盛和夫の実学』等で、「売上を最大に、経費を最小にすれば、儲けが生まれる」と述べましたが、これは④収益－⑤費用＝利益の関係を簡潔に示しているといえます。

「5つの箱」の意味と位置を押さえよう！

資産には大きく分けて「流動資産」と「固定資産」（このほかに「繰延資産」）が、負債には「流動負債」と「固定負債」がある。
流動と固定の区分は、資金化までの期間を「1年基準」で区分する。たとえば、決算日の翌日から1年以内に回収期限が到来するものを流動資産、1年を超えるものを固定資産という。
ただし、売掛金などは、たとえ1年を超えて資金化される場合でも、正常な営業サイクル内にあるかどうかで流動または固定のいずれかに分類する。これを「(正常)営業循環基準」という

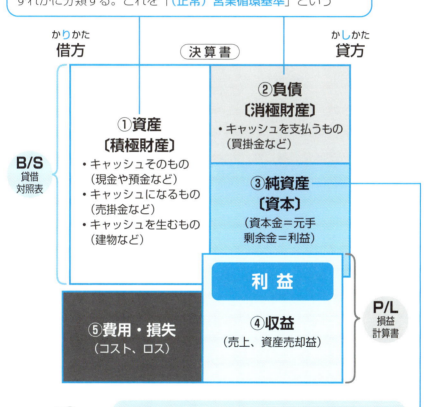

ちなみに「資本金が1億円ある＝現金も1億円ある」というのは間違い。元手の資本金は出資した時点の金額という目印に過ぎず、その後の活動次第で、元手の1億円は、現金1億円超にも0円にもなります

24 勘定科目の種類と覚え方
～勘定科目を「5つの箱」に振り分けよう～

 どんな勘定科目に接するか、経理規程などで確認しよう！

勘定科目と仲良くなるコツ

勘定科目（account、a/c）とは取引を集計する単位のことです。次ページ図をご覧いただくとわかるように、じつに多彩な勘定科目があります。

新任経理担当者が普段接する科目は決まったものになるはずですが、一つずつ暗記するのは大変でしょう。自社に経理規程があればそれを確認したり、会計ソフトに標準で設定されている勘定科目を眺めてみましょう。

日常的に使う勘定科目が次ページ図の中にある場合は、それを丸で囲んでみてください。よく使う勘定科目の名前を、図の中の位置と一緒にザックリと覚えれば、5つの箱の原理が頭に入りやすくなるとともに、勘定科目をより使いこなせるようになるでしょう。

勘定科目は変更される場合もある

勘定科目の設定は、会社ごとにある程度自由に決めることができます。

ただし、会社法に基づいて計算書類をつくる際は会社計算規則（計規）というルール、金融商品取引法（金商法）で財務諸表をつくる際は財務諸表規則（財規）というルールなどに則ってつくるよう規定されています。これは、他社と比較するために欠かせないことです。

しかも、会計の世界はグローバル化の波もかぶっています。こうした影響で、たまに、それまで使っていた勘定科目が使えなくなったり、名前が変わったり、新しい科目が登場したりするので、留意してください。

たとえば、「前期損益修正損益」という勘定科目について、企業会計基準第24号「会計上の変更及び誤謬の訂正に関する会計基準」が適用される会社では、原則、使用は認められません（会社計算規則第3条）。

> **ワンポイント　会社計算規則のひな型**
>
> 会社計算規則による株式会社の各種書類のひな型には「経団連モデル」と「株懇モデル」などがあります。

「5つの箱」を使って勘定科目を眺めてみよう！

①資産

流動資産 現金、預金、受取手形、売掛金（貸倒引当金は資産から控除する）、有価証券（売買目的のもの）、商品、製品、半製品、未成工事支出金、仕掛品、原材料、貯蔵品、前渡金、前払費用、リース債権、未収入金、仮払金など

固定資産
（有形固定資産）建物、構築物、機械及び装置、船舶、車両、工具器具及び備品、土地、リース資産、建設仮勘定など
（無形固定資産）のれん、特許権、借地権、地上権、商標権、実用新案権、意匠権、鉱業権、漁業権、入漁権、ソフトウェア、リース資産など
（投資その他の資産）投資有価証券、関係会社株式、関係会社社債、その他の関係会社有価証券、出資金、関係会社貸付金、長期貸付金、株主・役員又は従業員に対する長期貸付金、関係会社長期貸付金、破産更生債権等、繰延税金資産など

繰延資産 創立費、開業費、開発費、株式交付費、社債発行費、新株予約権発行費

②負債

流動負債 支払手形、買掛金、短期借入金、リース債務、未払金、未払費用、未払法人税等、前受金、預り金、前受収益、賞与引当金、仮受金など

固定負債 社債、長期借入金、関係会社長期借入金、リース債務、繰延税金負債、退職給付引当金（連結）退職給付に係る負債）など

③純資産

株主資本 資本金、資本剰余金、利益剰余金、自己株式

評価・換算差額等
（連結その他の包括利益累計額）
その他有価証券評価差額金、繰延ヘッジ損益、土地再評価差額金、連結為替換算調整勘定、連結退職給付に係る調整累計額など

新株予約権

連結非支配株主持分

⑤費用・損失

売上原価 （メーカー型）期首製品棚卸高（＋）当期製品製造原価（－）期末製品棚卸高など

販売費及び一般管理費 給料、運賃、広告宣伝費、旅費交通費、修繕費、水道光熱費、租税公課、貸倒引当金繰入など

営業外費用 支払利息、社債利息、有価証券売却損、売上割引など

特別損失 固定資産売却損、減損損失、災害損失など

④収益

売上高 製品売上高、商品売上高、役務収益（サービス料収入）など

営業外収益 受取利息、有価証券利息、受取配当金、有価証券売却益、仕入割引など

特別利益 固定資産売却益など

25 伝票・帳簿への記入原則 ①貸借一致の原則

 取引は「仕訳」で表現され、貸借（右と左）は必ずバランスする。

「仕訳を切る」とは何か

　会社の資産・負債・純資産・収益・費用や損失が増減することを簿記上の取引といい、勘定科目と金額を使い左右（貸方と借方）一対、すなわち左右で金額が一致するように表現することを仕訳といいます。

　経理現場では「仕訳を切る」ともいうため、「この取引の仕訳を切ってください」と頼まれたら、借方と貸方に勘定科目と金額を入れ、左右で金額を一致、貸借一致させることだと覚えておきましょう。

　仕訳を切る場合、「どの勘定科目が増えた（減った）のか」「それは5つの箱のどの位置にある勘定科目か」がわからなくてはいけません。5つの箱は、左側に①資産、②費用・損失、右側に③負債、④純資産、⑤収益が定位置です。たとえば、「現金」という「資産」が増えた場合は左側（借方）、「現金」が減った場合は右側（貸方）に仕訳します。

　以下、具体例で仕訳への理解を深めていきましょう。

取引ⓐ　得意先に対して100万円の売上を計上した。なお、売上代金はその場で現金決済を受けた。

　「売上計上により現金が増えた」のですから、売上と現金が増えます。
　つまり、P/L・④収益ボックスに「売上」を記載し、B/S・①資産ボックスに「現金」を記載すればよいことになります。

　　（借方）現金　100万円　（貸方）売上　100万円

取引ⓑ　水道代を2万円現金で支払った。

　「水道代が計上され、現金を支払った」ということなので、「水道代という費用を計上して、現金という資産が減少した」ということになります。
　つまり、水道代の計上を意味する「水道光熱費」勘定というP/L・⑤費用ボックスに計上します。
　一方、資産である「現金」が減少していますので、①資産ボックスのマイナスとなり、貸方（右側）に「現金」を仕訳します。

　　（借方）水道光熱費　2万円　（貸方）現金　2万円

仕訳は「5つの箱」のどこかに必ず入る！

決算書（Financial Statement、財務諸表のこと）をF/Sと呼ぶ

F/S

借方・dr　　　　　　　　　　　　　　　貸方・cr

①資産	②負債
ⓐ 現金　100万円 ⓑ 現金　▲2万円	③純資産
⑤費用・損失 ⓑ 水道光熱費　2万円	④収益 ⓐ 売上　100万円

左右一対で表現する仕訳は、5つの決められた箱に入ります。たとえば、「受注」するだけでは5つの箱の中身は増減せず、簿記上の取引に該当しません。盗難は「資産」が減少するので、簿記上の取引として仕訳します！

26 伝票・帳簿への記入原則 ②取引合計の一致

 取引合計も貸借（右と左）は必ずバランスする。

複数ある取引の合計も「貸借一致の原則」がはたらく

次ページの図には、以下のような経済活動が表現されています。

取引ⓐ　得意先Aに現金で10万円で売り上げた。
取引ⓑ　得意先Bに現金20万円で売り上げた。
取引ⓒ　得意先Cに掛けで30万円売り上げた。
取引ⓓ　得意先Cに掛けで売り上げたうち、クレームがあった。
　　　　このため、売価4万円の売上戻しの処理をした。

　上記4つの取引は、いずれも貸借一致し、4つの取引合計も貸借一致するということを理解してください。
　①資産、②費用・損失が左側、③負債、④純資産、⑤収益は右側が定位置ということを押さえ、取引により5つの項目のどれが増減するのかに注目しながら図の仕訳を見つめてください。
　ここでの取引ⓐ〜ⓓは左右1組の勘定科目で仕訳を切る事例ですが、実務では複数の勘定科目を用いる「複合仕訳」「諸口仕訳」もよくあります。この場合も、取引を左右一対の仕訳としてとらえる複式簿記のしくみ、すなわち貸借一致の原則は成り立ちます。

「仕訳を切る」ときの留意事項

　仕訳を切るときは、シンプルにする、できれば左右一組の勘定科目ずつで取引を表現できることがベストです。
　売上計上であれば、現金売上（借方・現金、貸方・売上高）と掛売上（借方・売掛金、貸方・売上高）のように取引種別に分けて仕訳するほうが、後の検証に便利だからです。
　差額原因を突き詰めることもポイントです。
　実務では複雑な取引の仕訳を切る段階で、様々な理由から左右不一致となり、「バランスしない」ことがあります。これを避けるため、「雑益」「雑損失」「仮払金」「仮受金」のような、いわゆる雑勘定を利用し、左右を無理やり一致させて仕訳を切る（起票する）こともあります。
　いずれも不正会計に直結する仕訳となり得るので、極力避けましょう。

取引合計の仕訳も左右で一致する！

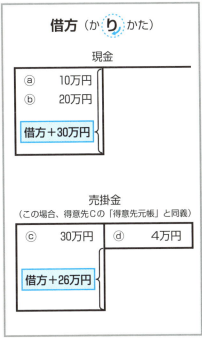

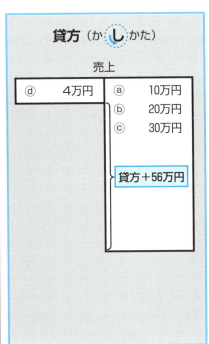

借方56万円　　貸方56万円

取引合計は一致する

取引合計も一致するんですね

雑勘定で無理に貸借一致するのは避けよう

27 伝票・帳簿への記入原則 ③T字勘定

 取引計上のしくみはT字勘定で考えるクセをつけよう！

取引はT字勘定を使って左右一対で把握する

経理担当者は実務の現場で、次のような取引を経理処理します。

取引ⓐ　借金をして、現金が100増えた。
　　　　（借方）現金　100　（貸方）借入金　100

これは、現金という資産が増え、借金という負債が増えた取引です。
資産ボックスは左側にあるので、資産が増えたら左に書きます。
負債ボックスは右側にあるので、負債が増えたら右に書くのです。
このように取引を左右に分類し、左右一対で表現するしくみを**複式簿記**といいます。
ちなみに、純資産と収益のボックスは右側にありますから、それぞれ増える場合には右側に書きます。費用ボックスは左側ですので、費用が増えたら左側に書きます。

取引ⓑ　借金を返済し、現金が80減った。
　　　　（借方）借入金　80　（貸方）現金　80

今度は、先ほどと反対です。資産も負債も、減っています。
左側にある資産ボックスにあるべき現金が減っている、ということは増えた場合の反対側に仕訳すればよいので、右側・貸方に現金80と仕訳します。
経理上「借入金」という借金は、負債ボックスにある勘定科目なので、負債が減った取引事実を、左側・借方に借入金80として仕訳します。
このように、「借入金を返済した原因があって、結果として現金が減った」というように「原因と結果」を左右一対で表わすのが**仕訳**です。
これを、現金勘定、借入金勘定というように、勘定科目ごとにそれぞれの増減を、左右に分けて明示する経理ツールが**T字勘定**です。
T字の左側が借方、右側が貸方を表します。現金勘定の場合、現金が増加したらT字の左側に、減少したらT字の右側に、金額とともに原因となった**相手勘定科目**（ここでは借入金勘定）を記載することになります。

> 「なぜ金額が動いたのか？」
> T字勘定で分析しよう！

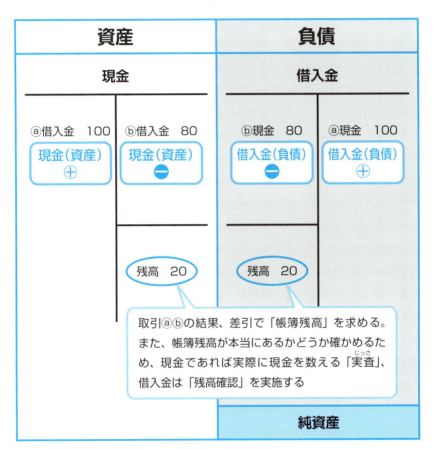

T字で分析するのが基本！

28 伝票・帳簿への記入原則 ④マイナス残高という異常点

 マイナス残高になったら必ず原因分析をしよう！

マイナス▲は異常点です！

　新任経理担当者が任される業務範囲で、「マイナス▲表示になっている項目はおかしい」と思って間違いありません。なぜなら、マイナス表示される勘定は、貸借対照表では「貸倒引当金」や「自己株式」等に限定され、いずれも新任経理の担当外であることがほとんどだからです。

　もしも、マイナス▲となっている勘定科目があれば、なぜマイナス▲になったのか原因を調査する必要があります。これは、勘定科目の明細である補助科目についても同じです。

　たとえば、A商店という得意先に対する売上代金の未収分である売掛金について考えてみましょう。

　A商店に対する売掛金が、未回収の状態であれば、売上代金の回収を通じ、「将来現金になる権利」があるわけです。権利があれば、B/S貸借対照表の「資産の部」に売掛金がプラス表示で残ります。すべて回収されたのであれば0です。

　A商店に対する売掛金がマイナス▲で表示されているとすれば、「将来現金になる権利がマイナス」というあり得ない異常な状態となっているので、なぜマイナス▲なのか原因を究明する必要があります。

マイナス▲を放置してはいけない理由

　知っていながら放っておくことを、法律上、悪意といいます。ちょっとしたミス（過失）とは違い、より重大なミス（重過失）と同等に悪意は取り扱われ、その分、責任も重くなります。

　粉飾や横領という不正会計では、売掛金など様々な勘定科目のマイナスが、不正の隠蔽工作とされることもあります。新任経理担当者は、不正会計に過大な不安を抱く必要はありませんが、不正会計の発覚時、勘定科目のマイナスを知っていながら放置していれば悪意と認定され、何らかの責任を取らされることもあることを覚えておきましょう。

　「マイナス▲は異常点」と常に気に留め、原因分析とホウレンソウ（報告・連絡・相談）を心がけてください。

マイナス残高はあり得ない！

借方科目の誤った勘定の状態

得意先「A商店」に対する売掛金勘定

期首残高	10	入金回収	105
		返品	4
売上高	100	値引	3
		貸し倒れ	3
		期末残高	▲5
借方	110	貸方	110

貸借合計は一致しているが▲

マイナス残高となった理由
- 他社の入金が誤って記帳された
- 他社の返品が誤って記帳された
- 他社の値引きが誤って記帳された
- 他社の貸し倒れが誤って記帳された
- 売上高が過少となっている
- 期首残高がそもそも間違っていた
- その他（不正会計の存在など）

対応策
- 勘定分析を行なう
- 上司に報告・連絡・相談＝「ホウレンソウ」する
- 残高確認を行なう
- 営業担当者に質問を行なう　など

▲は必ず原因分析をしよう！

29 伝票・帳簿への記入原則 ⑤データ入力の留意点

 経理システムへの仕訳入力作業は、経理の主要業務の1つ。

システム入力の流れを押さえよう

経理システムへの「入力」は、仕訳を伝票に手書きしていく場合の「起票」と、ほぼ同じ流れをたどります。

❶簿記上の取引（→項目25）を証憑に基づいて「仕訳入力」する

具体的には、日付・借方勘定・借方金額・貸方勘定・貸方金額・摘要（コメントのこと）等の取引内容を、経理システムに入力します。

入力時は以下の点に留意して仕訳を経理システムに正しく入力します。
(1)勘定科目、金額を正しく入力
(2)消費税コードの登録を正しく入力（項目63で解説）
(3)日付には取引・入力・承認などがあるので間違えないように入力
(4)摘要には取引先名や取引内容などを簡潔に入力

❷貸借のバランスに留意し、入力内容が正しいか検証する

紙の伝票と違い、システム入力では貸借不一致の場合、右図のようにエラー（❷バランス100,000の表示部分）となるのが一般的です。エラーになるとシステム入力できなくなるので、その後の作業が滞ってしまいます。

そこで実務では、システム入力する際に雑勘定（雑損失、雑益、仮払金、仮受金など）を用いて無理やりバランスをとることがあります。

とはいえ、新任経理担当者は安易に雑勘定による入力はしないようにしてください。貸借不一致の原因がわからず、やむを得ず雑勘定を用いて入力する場合、必ず上司の承認を受けましょう。ちょっとしたことが不正会計につながるからです。わからないことは必ず上司にホウレンソウ（報告・連絡・相談）を心がける、これは社会人としての常識です。

❸「登録」をクリックして入力完了

❹最終的に、課長等の上司から承認を受け、起票完了

起票の流れ（仕訳データの入力例）

❶ 仕訳入力
❷ 入力内容を検証
❸「登録」をクリック
❹ 最終的に上司から承認を受ける

わからないことは
必ず上司に
ホウレンソウ！

30 取引計上のタイミング ①収益・費用の見越・繰延

 実務では「発生主義」が原則、商売人の感覚「現金主義」は例外！

お金の流れと利益の動きが異なる要因

商売人の感覚からすれば、収入した時に売上高という収益を認識し、支出時に仕入原価のような費用を認識したいのが普通でしょう。こうした収支タイミングをとらえ、損益を把握しようというのが現金主義です。

ところが、収入＝収益とする現金主義は小規模事業者に限定的に認められているに過ぎません。実務では発生主義という考え方が主流なのです。発生主義とは、収支があろうがなかろうが、収益・費用を計上しなければならないという考え方です。

たとえば、1月1日から12月31日までの1年間を対象に、期末日である12月31日時点の決算書を作成する場合、収入≠収益、支出≠費用というズレもあり得るのです。

収入≠収益、支出≠費用を反映する見越・繰延という手続き

実務では、翌月分の売上代金を前受けしたりもします。上記事例の場合、12月収受分は翌期の売上分なので、当期売上高から除外しなければ正しい期間損益計算ができません。そこで前受収益とするわけです。

反対に、まだ入金はない＝未収だけれど、すでに商製品を先方に届け済みで、売上計上の権利が発生していることもあります。これを未収収益として計上する必要もあるわけです。こうしたことは、費用でも同様に起こります。この収入≠収益、支出≠費用を、決算書に反映する手続きを収益・費用の見越・繰延といいます。

一方、収益－費用＝利益で、この利益に税率を掛けたものが納税額になるはずです。

ところが、法人税法上の収益である「益金」は会計上の「収益」と異なり、「損金」と「費用・損失」も相違するのが普通です。というのも、税法等のルールは税収の動向等によって政策的に変更されることもあるからです。

つまり、収益≠益金、費用≠損金となり、利益≠課税所得（＝益金－損金）となるのが普通なのです。

未回収の売上金100万円の取扱い

	現金主義 ＝商売人の感覚	発生主義 ＝収支に関係なく損益を「発生事実」でとらえる
売　　上	0万円	100万円
原　　価	80万円	80万円
利　　益	▲80万円	20万円
税　　金 （＝利益×税率40％）	0万円	8万円

発生主義と現金主義の違いが、お金の流れ（キャッシュ・フロー）と利益の動きの相違が生じる大きな要因なのです

31 取引計上のタイミング ②費用収益対応の原則

対象期間の収益と費用を対応させ、期間損益計算を行なう。

粉飾防止にも欠かせない「費用収益対応の原則」

　決算対象期間は1年間などのように区切られています。すると、売上高のような収益はできるだけ早めに、売上原価のような費用や災害のような損失はできるだけ遅く計上すれば、その期の利益を多めに計算できてしまいます。これが過度に進めば、利益を過大計上することで粉飾という不正会計に抵触します。

　こうした点を防止する、つまり正しい期間損益計算を行なうには、原則として、その期に発生した費用と実現した収益を、適切に対応させて取引計上する必要があります。これを費用収益対応の原則といい、日本の会計基準の総元締めである企業会計原則が規定しています。

> 費用及び収益は、その発生源泉に従って明瞭に分類し、各収益項目とそれに関連する費用項目とを損益計算書に対応表示しなければならない。
> 　　　　　　　　　「企業会計原則、第二　損益計算書原則（損益計算書の本質）一C」

発生した費用と実現した収益を対応させるのが大原則

ここで対応させるのは、「発生した費用」と「実現した収益」です。

> すべての費用及び収益は、その支出及び収入に基づいて計上し、その発生した期間に正しく割当てられるように処理しなければならない。ただし、未実現収益は、原則として、当期の損益計算に計上してはならない。
> 　前払費用及び前受収益は、これを当期の損益計算から除去し、未払費用及び未収収益は、当期の損益計算に計上しなければならない。
> 　　　　　　　　　「企業会計原則、第二　損益計算書原則（損益計算書の本質）一A」

　前段で「費用は発生、収益は実現」ということが示されていますが、ポイントは、発生した収益のうち、より確実な実現した分の収益だけを、損益計算に反映させようと考えている点です。これを実現主義といいます。

　後段で費用・収益の見越・繰延を指摘しています（項目30参照）。

　正しい期間損益計算には、企業会計原則のような会計の基本的な考え方を習得する必要があります。基本がわかれば、右図のような先行売上や費用繰延という粉飾手口、新会計ルール登場にも対応できるわけです。

費用収益対応の原則に反する「先行売上」と「費用繰延」という粉飾手口

「先行売上」は翌期の売上を先取りする粉飾手口。先行売上で、翌期の売上はマイナスからスタートすることになってしまう。これを発見・防止するために「カットオフ（cutoff）」を実施する。締切日までに発生したすべての取引が正しく計上されているか、締切日以降の取引が誤って紛れ込んでいないか、会社が採用する収益認識基準に照らして、当期に計上された売上高等の収益計上の妥当性を証憑を突合するなどして検証する必要がある

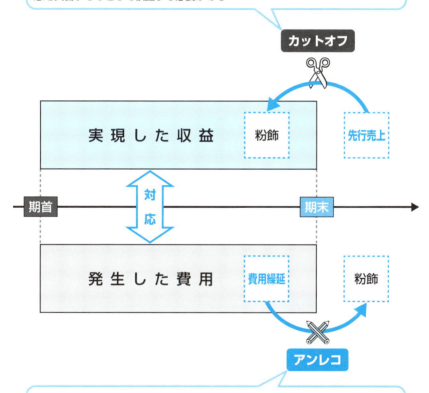

「費用繰延」は当期以前に発生している費用や損失を翌期以降に繰り延べる粉飾手口（項目34参照）。決算手続きの1つとして、翌期計上分の請求書等の証憑を見る（証憑通査）などで、「アンレコ（unrecorded liabilities）」、つまり記録されていない負債や費用・損失がないか検証する。また、回収できない売掛金や売ることができない商品・製品などの不良資産として、本来計上すべき費用・損失が資産に紛れ込んでいることもあるので、確認や実査などにより資産計上の妥当性を検証する必要もある

32 取引計上のタイミング ③売上の3ステップ

 売上の計上タイミングには大きく分けて3段階ある。

実現した収益を計上するのが原則

売上高は、取引の時間経過に応じ、(1)発生、(2)実現、(3)回収という大きく分けて3段階で計上できるタイミングがあります。どのタイミングで売上高を計上するかは、業種や業態、取引の種類などで異なり、会計や税法等のルール、会社の経理規程等で決められています。

新任経理担当者は、まず自社で採用されている売上計上ルール（収益認識基準）を確かめ、どのタイミングで売上高を計上すべきか、言い換えれば、いつ仕訳計上するのが妥当かを把握することが必要です。

大原則として、売上高のような収益は(2)実現した時点で計上することになります。「実現」とは、商製品の移転やサービス・役務の提供とその見返りであるキャッシュの取得があることを意味します。

キャッシュの取得には、キャッシュを収受できる権利、つまり売掛金や受取手形という売上債権の取得も含まれ、一言でいえば「販売＝実現」です。こうした収益計上の考え方を実現主義（販売基準）といいます。

一方、農業従事者など小規模事業者は、商売の大原則である「現金回収＝売上計上」と考えるのが一般的でしょう。税法はこの現金主義を例外として認めています。

売上金の回収あってこそのキャッシュ・フロー経営

営業担当者は、業績評価に直結する取引の進捗度に着目するでしょう。

一方、会計担当者は、納品に着目します。売上高の計上ルールに納品基準があるように、納品が実現の典型だからです。

ただ、ビジネスで重視しなければならないのは、売上金の回収です。いくら受注しても、納品しても、売上金が回収されなければビジネスは不完全だからです。

帳簿のうえでは黒字でも、キャッシュがなくなる黒字倒産を防ぐためにも、「売上は回収してこそ真の売上」という考えを徹底することが、キャッシュ・フロー経営（現金収支を重視した経営管理）の基本です。

代表的な売上計上基準

発生
（たとえば
工事進行基準）
→ **実現**
納品基準
「実現主義」
→ **回収**
入金基準
「現金主義」

実現主義の例外

ビル開発業者やソフトウェア開発業者のように、工事やプログラミングなどの長期にわたるプロジェクト（**長期請負工事**）を行なうような業種では、実現主義の大原則で経理処理すると、工事が完成するまで売上計上できないことになります（これを**工事完成基準**といいます）。

でも実際には、工事が進んでいて、工事の進行度合（**進捗度**）に応じて売上や利益も、徐々にではありますが**発生**しています。

そこで、こうした長期請負工事を行なうような業種では、工事の進み具合（進捗度）に応じ、工事損益を発生ベースで計上する**工事進行基準**も認められています。

ただ、工事進行基準の進捗度を見積もることは実務上、難しい論点の1つで、不適切な会計処理が行なわれることもあります。「豆を仕切る人」になるには、工事進行基準のような上級論点を理解する必要もあります。

売上は
原則、実現主義

33 取引計上のタイミング ④費用・損失の3ステップ

 費用・損失の計上タイミングには大きく分けて3段階ある。

費用・損失は発生した時点で計上するのが原則

　仕入高のような費用や、災害による損失などは、取引の時間経過に応じ、⑴発生、⑵実現、⑶支出という大きく分けて3段階で計上できるタイミングがあります。

　いつ費用・損失を計上するかは、取引の種類などで異なり、会計や税法等のルール、経理規程等で決められていますから、新任経理担当者は、どのタイミングで費用・損失を計上すべきか（いつ仕訳計上するのが妥当か）、まずはルールを把握することが必要です。

　費用・損失は、原則として「発生」した時点で計上します。ここで「発生」とは、価値の増減をもたらす原因の「発生」を意味します。「発生」という事実に基づき経理処理する考えを発生主義といい、費用・損失の取引計上は、この発生主義が原則です。

　発生主義は、企業会計原則が定める保守主義とも絡みます。保守主義とは、将来リスクに備えて利益は控えめに計算する原則。売上高のような収益は遅めに、仕入原価や災害損失のような費用・損失はなるべく早めに、それぞれ計上することで利益を抑えた、保守的な経理をする考えです。

　ただ、将来予測を100％的中させることはできないため、実務における保守主義は相当難解といえます（上級論点に「会計上の見積り」があります）。

支出の要因を押さえてこそ、キャッシュ・フロー経営

　費用・損失の取引を社内担当者の立場で考えてみると、会計担当者は発生の事実に着目するでしょう。なぜなら仕入等の発生を把握しておくことで、将来支払わねばならない経費金額の算定が可能になるからです。

　一方、仕入担当者は、商品を仕入れたという事実を把握することが日常業務の1つですから、納品に着目するでしょう。

　ただ、ビジネスで重視しなければならないのは支出です。最終的にいくら支出しなければならないか把握できなければ、資金の余裕額を認識できず、キャッシュ・フロー経営に大きく影響するからです。

　支出の要因を押さえてこそのキャッシュ・フロー経営なのです。

費用・損失計上の基本的な考え方

発生【原則】 ← 保守主義
実現（実務上、「納品」事実の把握は重要）
支出【例外】（「現金主義」は小規模事業者が対象）

基本的な考え方

項目32で紹介した工事進行基準のように、工事が進捗している事実がある場合、売上高や利益が徐々に発生していると考えることができます。
これは、費用・損失でも同じです。
たとえば、製造業で製品に不具合が発生し無償で修理・交換・返金というリコールする必要が出てくれば、不具合という原因をもってリコール費用が発生していることになります。
項目32の文中、売上高の説明で「実現主義」という会計用語が出てきましたが、この「実現」よりも早い発生という時点で取引を認識・計上するのが、費用・損失計上の基本的な考え方になります。

費用・損失は原則、発生主義

34 取引計上のタイミング ⑤粉飾と3ステップの関係

 規定どおりの取引計上タイミングでないと粉飾となるので注意!

「収益は早めに……」という「先行売上」による粉飾

　元東証一部のシステム開発会社Nの不正会計事例では、売上総額682億円もの不適切な取引が発覚しました。

　その手口は、販売先が預かっている状況のいわゆる未出荷売上を、あたかも実際に売上があったように先行計上したというものです。

　この不正にかかる調査報告書によると、未出荷状態で先行売上を計上後、最終的に販売予定先との間で販売成約に至らなかった未出荷売上が多額の粉飾につながった、と指摘しています。

　こうした未出荷売上による「先行売上」は、正規の売上ではありません。本来であれば、売上高として計上できる取引ではなく、取消しの経理処理をしなければいけない取引です。

　しかし、この事例ではこうした「先行売上」を取り消しませんでした。あるべき売上取消しを回避するため、販売成約に至らなかった案件を別の転売先を見つけ、売上取引の付け替えを行なっていたというのです。

「費用は遅めに……」という「費用繰延」による粉飾

　資産のなかに費用や損失として計上すべきものが紛れていることもあります。いわゆる不良資産と呼ばれる滞留傾向にある資産のほか、費用や損失から資産に付け替えが行なわれたために費用繰延となっている場合もあるので、留意が必要です(項目31参照)。

　たとえば、世界を震撼させた米国ワールドコムの不正会計事例では、通信回線にかかる「費用」を「資産」に付け替えることによって費用繰延していたことが判明しています。

　これは、図で示した決算書の基本的な構造を把握すれば、簡単に理解できます。図Aの矢印のように、資産と費用・損失は1本の線をはさんでいるにすぎず、この線をどちらにまたぐかで、資産にもなり、費用・損失にもなり、結果として利益計算にも影響があるわけです。

　「B/SとP/Lは表裏一体」——。こうした基本的な知識=会計直観力を持ち合わせておくことも、「豆を仕切れる人」になる前提条件です。

決算書の構造から見た粉飾の仕組み

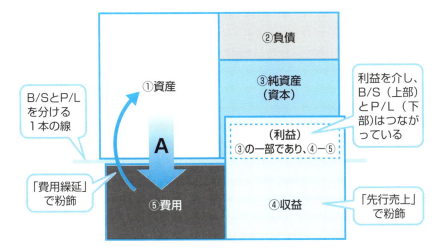

A　資産と費用はウラハラ

- 資産は「あるきっかけ」で費用、損失となる
- ①から⑤の間にある1本の線を越えるのは簡単
  - 固定資産は、時の経過で「減価償却費（費用）」
  - 売掛金は、回収不能になれば「貸倒損失」
  - 現金は、不正会計で横領されれば「雑損失」

	発生	実現	回収
収益	「進捗度」を担当者が着目	「納品」を会計が着目	「売上金の回収」にも着目すべき

	発生	実現	支出
費用・損失	「発注」を会計が着目	「納品」を担当者が着目	「費用の支払い」にも着目すべき

収益も費用・損失も、いつ資金化されるのかについて最も着目すべき。しかし、実際にはなおざりにされていて、黒字倒産といわれもするように、利益が出ていても倒産することもあります。粉飾を防ぎ、資金化を促進する——、これも「経理の仕事」です

35 決算の概略と新任経理の「決算整理事項」

 会社の経営状態を把握する作業「決算」をざっくり頭に入れておこう。

日々の記帳業務のゴールが「決算作業」

決算とは、決められたタイミングで、一定期間の取引を集計する作業をいいます。

決算作業を通じ、売上高のような「収益」、売上原価のような「費用」や雑損失のような「損失」を、損益計算書に表わして経営成績が良好か把握します。

また、現金のような「資産（＝＋の財産）」、借入金のような「負債（＝－の財産）」がどれだけあり、＋－差引きの「純資産」がどれだけあるか、貸借対照表の作成を通じて会社の財政状態が良好か把握します。

決算の「タイミング」「範囲」は会社規模などで様々

決算をするタイミングは会社によって様々です。

どんな会社も年に1度は決算日に決算をしなければなりません（年次決算）。会社規模や会社のポリシーによっては、日次・週次・月次・四半期・半期（中間）という具合に、ことあるごとに決算をする必要もあります。まずはあなたの会社の決算のタイミングを把握してください。

また、決算対象となる範囲にも留意が必要です。

あなたの会社単体の決算書のことを、会社法というルールでは計算書類、金融商品取引法（金商法）では個別財務諸表といいます。

一方、世の中には、企業集団・連結グループの経営状態を把握したいというニーズもあります。この場合、あなたの会社も含めた連結グループ全体の決算書として、会社法で連結計算書類、金商法で連結財務諸表を作成します。

ちなみに、業種・業態によっては、様々な形式で決算データを提出・開示する必要もあるので、確かめましょう。

たとえば、株式公開をしている上場企業であれば、上記の（連結）財務諸表を含む決算短信や有価証券報告書を作成・開示する必要もあります。

建設業であれば、入札のために経営事項審査を申請しますが、ここでも決算書の数字が必要になります。

新任経理担当者が関わる「決算整理事項」

主な決算整理事項	概　要	参考項目
売上原価の算定	実地棚卸を経て棚卸資産を評価	39
固定資産の減価償却	耐用年数に応じて償却計算	44～47
収益・費用の見越・繰延	未収収益・前受収益・未払費用・前払費用の計上	30～34
残高項目の整理	B/S項目の残高明細のチェック。売掛金や買掛金のような主要科目はもちろん、仮払金や仮受金というような雑勘定の整理も重要	15～16、レッスン4
引当金の計上	貸倒引当金などの見積計上	71
未払消費税の確定	納税すべき消費税額を計算	62
実査や立会、確認	実地棚卸の現場に出向き、抜き取り検査をする（実査）、商品棚卸の現場に立ち会って状況把握する（立ち会い）、残高の把握（確認）	37（実査）、39～40（実地棚卸）、36（確認）
その他	有価証券の評価など	41

決算整理事項について

期中（会計期間の途中）では日々の取引を計上します。これらの取引を期末（会計期間の末日）に集計すれば、決算書を簡単に作成できそうなものです。ところが経理実務は、そう簡単なものではありません。
期末では、各種金額を最終確認する過程があり、期中とは違った経理処理＝決算整理事項も必要という点には留意してください。
たとえば、有価証券の評価や、固定資産の減損の兆候判定、退職給付債務の見積計上など、じつに様々な論点を決算整理事項として行なう必要があるのです

検算と概算の習慣づけ

　ITをツールとした情報化の技術は、瞬時にデータを集計・計算・分析できるというメリットを付与した一方、誤ったデータを瞬時に、容易に処理してしまうというデメリットもあります。

　新任経理担当者は、こうしたメリット・デメリットを把握したうえで数字と向き合う必要もあります。

　難しいことはありません。経理担当者が扱う数字は、足し算・引き算・掛け算・割り算という四則演算の繰り返し。足したものは引く、掛けたものは割る、という具合に「検算」すればいいだけです。

四則演算の反対で検算する習慣
- 加算（**足し算**）　⇔　減算（**引き算**）で検算
- 乗算（**掛け算**）　⇔　除算（**割り算**）で検算

　また、「概算」できる習慣も必要です。1百万の1千倍は10億、という具合に「見当をつける」ことができるようになれば、見通しを立てやすくなるからです。

　そのために、1,000,000,000のように、3桁ごとに「,（カンマ）」を付す「位取り」が不可欠です。

　最初の「,」の左は千の桁、2つ目の「,」の左は百万の桁、3つ目の「,」の左は十億の桁、というように「,」の位置で瞬時に数字がいくらか判別できるようになる、これが「豆を数える人」の基本です。

概算できる習慣
- 位取りするクセ　　（×1000　→　○1,000）
- 見当をつけるクセ　（1,000の1,000倍は1,000,000）

Lesson 4

最低限知っておきたい「会計」 ②残高管理の基本

残高のあるものは内訳があります。売掛金であれば得意先元帳のようなものが存在しますし、1万円札が100枚あるから100万円の現金があるわけです。このように、残高は「Price（単価）×Quantity（数量）」で把握できます。残高は「P×Q」で管理する、これが基本。「残高計上があるのに内訳ナシ」はあり得ません。

残高あるところに「P×Q」の内訳あり！

36 残高管理には業務プロセスの理解が欠かせない

 残高には必ずその内訳があるので、明細をチェックしよう。

プロセスを管理することが残高管理になる

ビジネスを展開していると、結果が出ずに途中段階で「残高」となっている場合もあれば、売上実績のように「結果」として現われる場合もあります。

「数値で管理すべきは、結果よりプロセス」といわれることもあるように、強い経営を行なうには、「結果」だけではなく「残高」を管理する必要もあります。

残高管理の過程で重要なのは、「確かに残高がある」という点を検証することです。

たとえば、受取手形や売掛金のような売上債権であれば、残高確認により、得意先に残高確認書への回答を求めるわけです。もしも想定していた金額と違う回答額であれば、調査が必要になります。

残高確認は、保管倉庫に預けている棚卸資産のような在庫残高にも、金融機関に預け入れている預金残高にも必要です。

また、資産だけでなく、負債についても同様です。買掛金があれば仕入先に、借入金があれば借入先に、それぞれ残高確認を行ないます。

プロセス理解に欠かせない業界用語の知識

経理担当者は、業界用語に精通しておく必要もあります。ある業界だけで通用する言葉（＝業界用語）を知らなければ、プロセスの本質を理解できないこともあるからです。

たとえば、帳合（ちょうあい）には「帳簿を合わせる」という意味合いがあります。小売店はメーカーから直接仕入れるよりも、卸問屋（＝帳合店）から仕入れることがほとんど。帳合店の傘下には、複数の会社が介在もし、経理担当者からすれば、「A社から仕入れたはずなのに、甲社から請求が届いている」こともあるので、帳合のような意味を知っておくことが重要です。

経理部内だけでなく、社内外の人との会話のなかで、聴き慣れない言葉が出てきたときは、すかさず相手にその意味をたずねるクセをつけましょう。

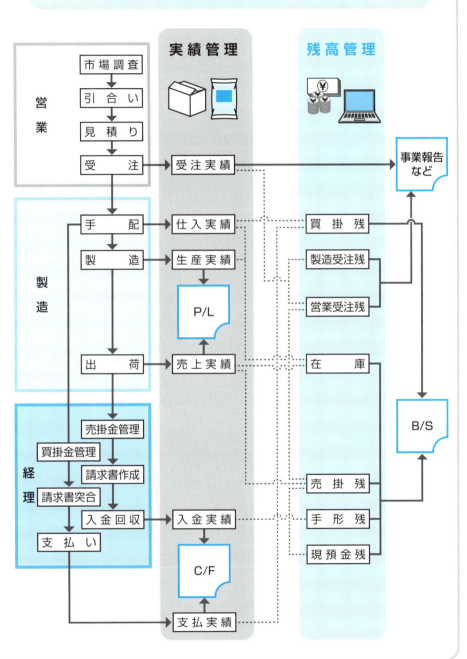

37 数字の塊をPとQに分解するのが残高管理のポイント

 数字は「P×Q」に分解して「入・出・残」を把握する。

数字は「Price（単価）×Quantity（数量）」に分解する

経理に関係する数字は、基本的に「Price（単価）×Quantity（数量）」に分解できます。

販売単価1万円（P）のものを1万個（Q）販売、あるいは客単価1万円（P）で顧客1万人（Q）に販売、ゆえに売上高1億円となります。

損益計算書項目は、たとえば、アルバイトの賃金（＝P時間給×Q作業時間）、光熱費（＝P電力単価×Q使用時間）のように、「P×Q」で表現できます。

貸借対照表項目も同様です。現金の実査（実物を数える調査）をして1万円札が5枚あれば、金種単価1万円（P）×実査数量5枚（Q）＝現金の当日手許残高5万円。このほか、未払地代の計上額＝地代（P）×未払月数（Q）。資本金の増資額＝1口当り増資額（P）×増資口数（Q）。このように残高項目も「P×Q」で表現できるのです。

実際の決算書では「P×Q」の結果しか見えていないのですが、その裏に単価と数量があることに気づくと数字の見方が変わります。

「入る」「出る」「残る」を見極めるのがポイント

残高管理のポイントは、「入る」「出る」「残る」の見極めにあります。たとえば、当期末の売掛金残高は次のように計算しています。

- 当期に販売され、売掛金の増加があって「入る」
- 当期に現金入金回収され、クレーム等で返品され、先方の要請に応じ値引き、貸倒れで回収できない等、これらによる売掛金の減少で「出る」
- この「入る」を期首の売掛金残高（＝前期末の売掛金残高「残る」）に足し、「出る」を差し引き、当期末の売掛金残高として「残る」

当期末に未回収の売掛金は、このように算出されるのです。

しかも、これら「入る」「出る」「残る」は「P×Q」で表現できます。

- 入る＝販売単価（P）×販売数量（Q）
- 出る＝回収、返品、貸倒れ、値引き等の単価（P）×各数量（Q）
- 残る＝未回収の販売単価（P）×未回収の販売数量（Q）

残高管理のポイントは「入」「出」「残」の把握にある

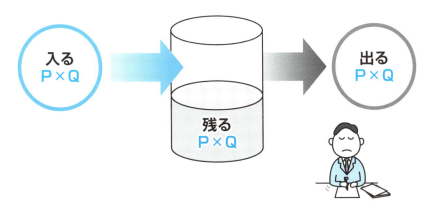

- **残高科目は「入る」「出る」「残る」を管理**

    　　期首の売掛金残高
    ＋　当期の売掛金増加額〔販売額＝売上高〕
    －　当期の売掛金減少額〔回収、返品、貸倒れ、値引き等〕
    ―――――――――――――――――――――――
    ＝　期末の売掛金残高

- **記帳は　Price（単価）×Quantity（数量）　を念頭に**

　たとえば、「売上高＝P（販売単価）×Q（販売数量）」です。
　この売上高の元になる商製品の仕入や在庫の残高も同様に、「P×Q」で考えましょう。
　P（単価）は、「実地棚卸」状況を把握することで、評価の妥当性を検証可能です。保管状態が悪く破損等があれば、在庫評価に影響するからです。
　Q（数量）は、「実地棚卸」数量を把握し、帳簿数量と比較することで、物量の実在性を検証することが可能です。
　このように、「実地棚卸」という手続きは、単に倉庫で商品等をカウントするだけではなく、在庫評価の妥当性や物量の実在性を把握するという、経理実務において非常に重要な意味を持ち合わせているのです。

38 与信管理を踏まえた得意先元帳の見方

 サイトと残高の関係に注目して「入・出・残」の問題をつかもう！

不良債権管理も「入・出・残」が基本

売上には、現金売りと掛売りがあります。

掛売りでは、売掛金という未回収の売上代金を回収する必要があるので、得意先元帳で売上代金の計上・回収・残高、つまり「入・出・残」を、得意先ごと・発生月ごとに管理します。

得意先元帳で注目したいのは、残高とサイトの関係です。サイトとは、ツケが回収されるまでの標準的な日数をいいます。30日なら1か月分は残ってよいわけで、これが年齢調べ（ワンポイント参照）の基本形です。

「入・出」の異常が「残」の異常に現われる

次ページ表を見ると、B社のサイトは60日なので、2か月分の残高があってよいことになります。6月末残高は438万円、これは当月6月計上230万円と前月5月計上208万円の2か月分が残置しているので、特に問題なしです。

A社は「出」が問題です。サイト30日で、1か月分しか残高は持たないはず。しかし、6月計上150万円に対し、残高250万円。しかも、回収欄に目を向ければ毎月100万円の回収のみです。

このように常に一定金額だけの回収、キリのよい回収を団子消しといい、得意先の資金繰りに赤信号が点灯している可能性があるので要注意です。「サイトを短縮する」「ツケをやめ、現金売りのみにする」「取引をやめる」といった与信（＝ツケの条件）の見直しが必要といえます。

C社は「入」が問題です。サイト30日、1か月分は残ってよいのですが、6月末残高は250万円、本来6月計上160万円のみが残るはずです。

この程度の差額は、先方の締めや払いの都合なども考えられますし、4月までは残高1か月分で滞留もなく、一見すると異常点は見当たりません。C社の問題は、計上金額にあります。

当初5万円からスタートした取引計上額が、半年後の6月には160万円となっています。これは当初しっかり払っている様子を装い、段々と取引額を吊り上げ、最後には払わず逃げる取り込み詐欺の典型パターンです。

元帳ではサイト（資金化までの期間）と残高の関係を注視しよう

A社は「団子消し」が問題。ある時払いとなっている可能性大。与信の見直し（取引の縮小、停止）を要検討

B社はサイトどおりの残高なので問題なし

（単位：万円）

得意先	サイト	区分	1月	2月	3月	4月	5月	6月
A社	30日	計上	100	110	120	130	140	150
		回収	0	100	100	100	100	100
		残高	100	110	130	160	200	250
B社	60日	計上	200	210	205	220	208	230
		回収	0	0	200	210	205	220
		残高	200	410	415	425	428	438
C社	30日	計上	5	10	20	40	80	160
		回収	5	0	10	20	30	0
		残高	0	10	20	40	90	250

C社は「取り込み詐欺」の可能性大。取引当初は順調に回収、徐々に売上規模拡大、最後に回収が滞る、典型的な詐欺パターン

購買債務も同様にチェック！
支払条件と残高の関係を見ておかしな残高の動きがある場合、不正会計の影響も考えられるので要注意！

ワンポイント　年齢調べ

売掛金残高について、1つひとつの発生日を調べて時期別に分類し、長期滞留などの不良債権の有無を確認する売掛金管理手法

39 決算書の作成に必要不可欠な実地棚卸

 棚卸資産は実地棚卸を行なうことで最終的な評価が決まる。

なぜ実地棚卸をする必要があるのか

　実地棚卸とは、倉庫等に出向き、棚卸資産や固定資産等の数量を数える手続きです。

　資産があるか実際にカウントすることで資産の**実在性**を検証するとともに、たとえば埃のかぶり具合や梱包状態から、長期滞留品といわれる「デッドストック」の有無や故障等の使用可能性にも着目し、正常品とそうでないものに区別し、在庫を**評価**する大事な手続きが実地棚卸です。

　実地棚卸の現場では、6S（項目9）の視点で物品の保管状況を把握し、安全面（危害や不正・誤謬の防止）などを考慮することもポイントです。

　実地棚卸をすることで、**帳簿数量**（**帳簿棚卸**ともいいます）との差異が発生する場合がありますが、これは決算整理仕訳で帳簿を修正します。差異原因のなかには、従業員による不正・誤謬も含まれるので、差異分析はしっかり行ないましょう。

　新任経理担当者は、まず実地棚卸（**実棚**）の手順が文書化された**棚卸指示書**が社内にあるかどうかを確かめ、ある場合はその内容を把握します。また、前回実棚時の指摘事項の内容を検討し、改善点や不備等の勧告事項の有無を把握して、実際に担当する実棚に活かすよう心がけましょう。

「しいくり、くりしい」で「決算整理」する

　仕入れた商品がすべて販売されれば「仕入原価＝売上原価」ですが、実際には売れ残りも発生します。そのため、期末に**決算整理仕訳**として調整する必要があります（売れ残りの製品、製造途中の仕掛品等も同様）。

　前期から繰り越された期首の商品棚卸高を「借方・仕入／貸方・繰越商品」と仕訳して売上原価にインプットし、期末の売れ残りを売上原価から除外するため「借方・繰越商品／貸方・仕入」としてアウトプットの仕訳を入れることで、売上原価が確定します。

　期首・期末に存在する棚卸資産の**繰越額**を把握し、売上原価を確定するためにも、実地棚卸の実務は重要な意味をもっているのです。

売上原価と帳簿棚卸高を算出してみよう

①当期1,000万円の商品を掛けで仕入れた
（借方）**仕入** （貸方）**買掛金** **1,000万円**

②このうち、品質不良で50万円を返品した
（借方）**買掛金** （貸方）**仕入** **50万円**

③得意先への試供品贈呈20万円は広告宣伝費に**他勘定振替**した
（借方）**広告宣伝費** （貸方）**仕入** **20万円**

> 元の勘定から他の勘定に振り替えること（→項目57）

ここまでが「期中取引」の仕訳。この後、期末棚卸高を確定し、売上原価を計算するため、「決算整理仕訳」を行なう。

④期末に、倉庫に出向き実地棚卸を行ない、帳簿在庫よりも6万円分少ない実地棚卸金額98万円の商品があった
（借方）**繰越商品・期末** （貸方）**仕入 98万円**
（借方）**棚卸減耗損** （貸方）**仕入 6万円**

⑤期首商品残高100万円。これは売上原価を求めるため仕訳が必要
（借方）**仕入** （貸方）**繰越商品・期首 100万円**

期首分は「仕入／繰越商品」、期末分は「繰越商品／仕入」と仕訳を行ない、売上原価を算出する。「しいくり」、「くりしい」と呪文のように覚えよう。

これらの結果、借方合計1,100万円となり、貸借は一致するので、差額926万円が売上原価と計算できる。また、実地棚卸高98万円で、棚卸減耗損6万円が判明しているので、これらの合計で帳簿棚卸高104万円となる（棚卸減耗損6万円は重要性がないと認められる場合、売上原価として処理される）。

40 実地棚卸の留意点と実施するタイミング

 まずは現物管理の重要性を意識することが肝心。

実地棚卸の主なポイントは4つ

①棚卸実施状況を的確に把握

特に、不良品・簿外品・預け品・預り品などの状況把握に努め、必要に応じて現場責任者に質問します。

ある不正会計事件では、製造計画書にない在庫が存在し、多額の粉飾で世間を驚かせたことがあります。製造現場では製造計画書を入手し、計画どおりの生産状況下で在庫保管されていることも適宜確かめましょう。

②棚札・棚卸表の連番管理を徹底

実地棚卸で用いられる、棚札や棚卸表の管理は重要です。

「棚札」とは、現物に貼付される品名・数量等が記載されたタグのことです（棚札を使わない業態もあるので棚卸指示書を確かめること）。

「棚卸表」は、現物がどれだけあるか集計するための管理帳票で、どんな組織でも作成します。

棚札も棚卸表も、発行した枚数がすべて回収されたことを管理するため、1枚ずつ番号を振る連番管理が基本の動作となります。

③メーター校正の検証

製造業などでは、タンクに原材料等を保管していることもあります。

この場合、タンクメーターを目視あるいは自動計測で数量把握しますが、メーター自体が狂っていれば大問題です。メーターは、定期的に標準器を使って検査確認する校正の有無を把握し、校正結果を入手することも正しい決算作業のために欠かせません。

④実地棚卸と帳簿棚卸の突合（とつごう）

実地棚卸の結果である棚卸表と、帳簿数量との突合せ（突合（とつごう））を行ない、差異を求めます。差異分析を実施し、本当に差異があるかについて再度棚卸を実施するなどして検証のうえ、最終的に帳簿金額と実棚金額の差額を棚卸減耗損としてP/L（もしくは製造原価明細書）に計上します。

棚卸表の例

実地棚卸表

実施年月日　20XX/3/31　　　　　　　　No. 1

連番管理が基本！

立会者名　佐藤
実施者名　村井

商品名	単価 (P)	個数 (Q)	金額 (P×Q)	価値評価 (○△▲×)	評価後金額	摘要
A	1,500	30	45,000	○	45,000	
B	20,000	1	20,000	○	20,000	
C	500	100	50,000	△	30,000	陳腐化
D	1,200	20	24,000	×	──	再販不可

棚卸表の税法上の保存期間は原則7年。なお、欠損金の生じた事業年度の帳簿書類は9年間（平成29年4月1日以降開始事業年度からは10年間）保存です

棚卸の実施は期末だけではない！

①一斉棚卸	通常、期末時に行なう。棚卸方法として最も一般的。四半期・中間に行なう場合もある
②循環棚卸	週・月等の区分で、定期的に行なう。多品種・少量、多量・少額の物品を扱うコンビニ等で活用される
③最少量時棚卸	1年で在庫量が最少になるときに行なう。製鉄業など、野積み、バラ積みの多量の原材料などで活用される
④臨時棚卸	不正・誤謬（ごびゅう）の発見、デッドストック（流行遅れ品や不良品）の把握など、特殊調査として臨時に実施される

41 有価証券の区分と評価のしくみ

 株式等は保有目的の違いに応じて4つに区分して評価する。

有価証券の4つの保有目的と評価

有価証券は財産権を表象する証券です。具体的には、**株式・社債・国債・投資信託**等が、**金融商品取引法**の適用対象として定義されています。

有価証券は、トレーディングによる余剰資金の運用や、株式持ち合い等による取引関係の維持など、様々な目的で保有されるため、**金融商品会計基準**で4つの保有目的に区分し、有価証券の評価方法を定めています。

有価証券の評価方法

①売買目的有価証券	時価の変動により利益を得ることを目的として保有する有価証券は、**時価**で評価しB/S計上する。「時価」とは、証券取引所等の市場価格、端的にいえば株価のような価格。この時価と帳簿価額（簿価）との差額である**評価差額**を、当期の損益としてP/L計上する
②満期保有目的の債券	主に利息の受取りを目的として満期まで保有し続ける社債等の債券は、①とは異なり、時価の変動が投資パフォーマンスを表わすとは考えない。原則、時価評価せず、**取得原価**でB/S計上する。実務では債券を額面金額と異なる取得価額で取得する場合もあり、この場合は差額を償還期まで毎期一定の方法でB/Sに加減する（**償却原価法**）
③子会社株式及び関連会社株式	他企業への影響力の行使を目的として保有する株式。①のように時価の変動を目的として保有するわけではないので、**取得原価**でB/S計上する
④その他有価証券	①～③以外の目的で保有する有価証券。②の満期保有や③の他企業への影響力行使を目的に一定期間保有し続けるわけでもなく、かといって①の売買目的で保有しているわけでもない。そのため、折衷案のような形で、時価で評価しつつ評価差額はB/S純資産の部に**その他有価証券評価差額金**として計上することが認められる

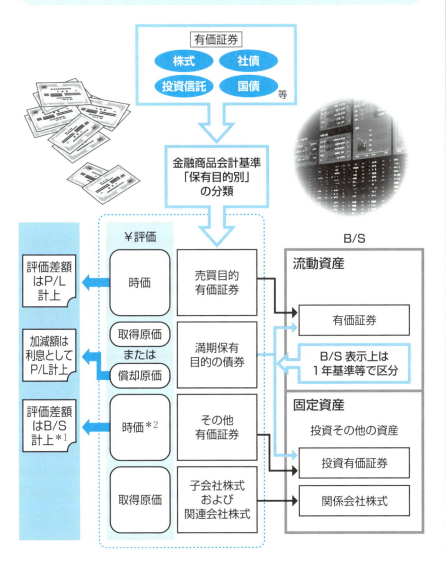

*1 「その他有価証券」の評価差額の処理には2通りある
　(1)評価差額の合計額をB/Sに計上する方法
　(2)時価>取得原価の部分をB/Sに計上し、時価<取得原価の部分をP/Lに計上する方法
　なお、その他有価証券の評価差額は洗い替え
*2 「その他有価証券」で市場価格がない場合は取得原価（債券は償却原価）とする

42 幅広い視点での管理が求められる固定資産管理

 論点が多様なので、まずは全体像を押さえよう！

固定資産管理の基本は、現物管理と保全管理

固定資産管理は大別すると、①現物管理と②保全管理の2点です。
①現物管理は、現物の定期的な実査（実地調査）が基本です。連番が付された管理シールの貼付、保管場所・数量が明記された台帳整備などがポイント。新規購入、除却・売却、減価償却などを通じ、固定資産は増減するので、資産が実在するか、定期的に実査・検証する必要もあります。
②保全管理の基本は、火災等の不慮の損害に備え、対象資産に保険を付保する点です。新規資産の購入時の過不足ない保険契約の締結、不慮の事故での保険請求なども、管理業務の1つです。

固定資産の管理業務は広い！

固定資産管理台帳に記録することは、新任経理担当者の業務の1つです。固定資産管理システムという場合もあれば、Excelのような簡易な形式の場合もあるでしょう。

いずれにせよ、固定資産の増減・残高を帳簿に記録しなければならず、その管理のポイントを理解する必要があります。

固定資産管理には、減価償却というしくみの理解も不可欠です。減価償却では、償却資産と少額資産という、税務上の違いも税負担の観点から理解する必要があります（項目45参照）。

機械装置などの固定資産は、壊れれば修繕や廃棄、使用場所が変われば移転なども必要で、固定資産特有の処理も欠かせません。大規模なプラントなどを抱える製造業などでは、修繕計画や修繕予算の策定を行ないますが、その際、工場や製造部門等の担当者との調整も必要になります。

金銭同様の管理も欠かせません。動産という動かせる状態にあれば、値の張る小さな工具などは横領の可能性があるからです。固定資産の名称、型式、取得年月日、現在の保管場所、修繕・移転・廃棄等の移管記録など、固定資産台帳等で記録管理する必要もあります。

税務上は、修繕費と資本的支出の区別も大きな論点の1つです（項目43参照）。

現物管理と保全管理が固定資産管理の基本

現物管理	保全管理
実査（現物の定期的な実地調査）	**付保**（対象資産への保険付保）
⬆	⬆
「連番管理」と「台帳整備」による記録が、現物管理する際の重要なポイント	不測の事態に備えた「保険契約」の締結と、不慮の事故での「保険請求」も固定資産管理業務の1つ

固定資産管理のポイントは現物管理と保全管理！

43 固定資産の修繕コストに対する修繕費と資本的支出の考え方

  修繕コスト全額を税務上の経費として処理できるわけではない。

修繕費と資本的支出の区別

建物や機械などの固定資産は、使っていれば壊れることがあります。

壊れたものを直すコストを会計では**修繕費**として処理しますが、税務の取扱いは少々違います。修繕費として会計上で経理処理したものが、税務上もすべて修繕費として扱われるわけではないのです。

修繕費として支出したもののなかには、その固定資産をもっと長く使えるようにするための支出や、資産価値の増加をもたらす支出もあります。こうした費用は会計上で修繕費とされても、税務上は固定資産という**資本**を取得した**資本的支出**として処理するのです。

修繕費と資本的支出の区別は、図のような**法人税基本通達**で定める形式基準で判断すればよいでしょう。

修繕費となればP/Lに**一時費用**として計上でき、利益を減らし、税負担を軽くできます。

一方、資本的支出では固定資産をB/S計上し、**減価償却**（項目44参照）を通じ徐々に費用化されるなかで、税金を減らすことになります。

つまり、修繕費か資本的支出かの違いは、**税負担**に影響を及ぼすわけです。

こうした違いは、決算書の構造を理解すればわかると思います。項目34の図表をもう一度確認してください。B/S資産とP/L費用の違いは一本の線をまたぐかどうかに過ぎないのです。

「三現主義」で判断材料を確保する

修繕費と資本的支出の違いは、経理担当者にとって重要論点の1つで、それだけで1冊の書籍になるほどです。新任経理担当者の場合は、まず社内において、修繕費と資本的支出の判断材料を得るよう努めてください。

具体的には、修繕前後の固定資産を写真撮影して修繕費か否かの判断に役立てたり、現場担当者とのコミュニケーションをはかりながら現場を視察したりすることが大事です。修繕箇所は、現場・現物・現実という**三現主義**を徹底することで的確に把握できます。

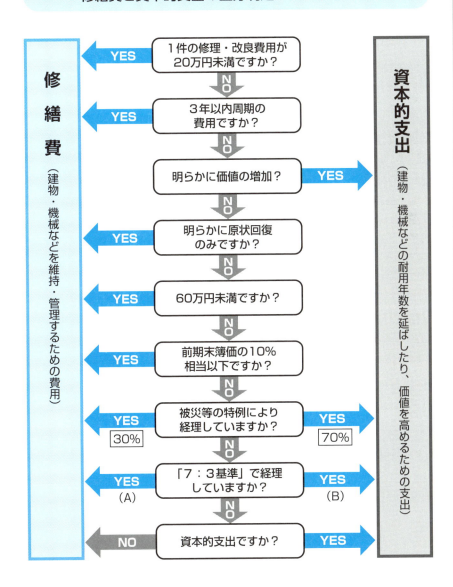

7：3基準… 修繕にかかる支出額を、以下の(A)と(B)に分けて継続的に行なう経理処理。
 (A)……… 「支出金額×30％」と「前期末取得価額×10％」との少ない金額
 (B)……… 支出金額－A

44 減価償却のしくみと償却方法の種類

 減価償却には費用配分、資産評価、資金回収の側面がある。

減価償却を理解する「3つの側面」

固定資産の会計処理「減価償却」のしくみを理解するために、まず以下に挙げる「3つの側面」を押さえておきましょう。

①費用配分の側面

建物のように多額の投資が必要な、1年を超えて利用することができる固定資産は耐久消費財です。購入時に一度に費用計上するよりも、利用可能な（支出の効果が及ぶ）期間である耐用年数に応じて、少しずつ費用化するほうが合理的です。この費用が、P/L損益計算書（C/R製造原価明細書を含む）に計上される減価償却費となります。

②資産評価の側面

現金預金（キャッシュそのもの）、売掛金や受取手形（キャッシュになる権利）、建物（人が働いたり、それを売却することでキャッシュを生み出すもの）という「資産」は、「キャッシュを支払う義務＝負債」とともにB/S貸借対照表に計上され、資産と負債の差額が「純資産」となります。

建物のように、ひびわれたり（物理的減価）、新しいものよりも見劣りしていく（機能的減価）、経年劣化する資産を償却資産といい、その価値の目減りを反映する会計的手続きを減価償却といいます。

一方、土地や美術品など、時の経過ではなく、市場の動向で価値が増減する非償却資産は原則、減価償却の対象外となります。

資産価値は、毎年、減価償却費の分だけ減り、「取得原価－毎年の減価償却費の累計額」がB/Sに資産計上されます。

③資金回収の側面

P/L計上される減価償却費というコストは、支払済みの建物等の資産購入代金を期間按分しているに過ぎません。つまり、減価償却費は費用でありながら、「請求書が来ない（＝現金を支払う必要のない）費用」です。

そもそも「利益＝売上－費用」という関係がありますが、費用のなかには減価償却費も含まれています。ということは、毎年「利益＋減価償却費」の分だけ資金回収され、減価償却という会計的手続きにより過去の投資額を毎年少しずつ回収しているのと同じことになります。

償却方法の種類

企業会計原則が定める減価償却には、定額法、定率法、級数法、生産高比例法の4つがあるが、実務では定額法と定率法が一般的

【事 例】 購入価格（取得原価）30万円、利用可能な期間（耐用年数）が3年の固定資産を期首に取得し、償却計算する場合（初年度）

① **定額法**…毎期定額で資産価値が減少すると仮定する償却方法。30万円÷償却年数3年（実務では償却率0.334を掛ける）＝減価償却費100,200円
　　　＊建物は税法上、定額法とすることが規定されている

② **定率法**…毎期定率で資産価値が減少すると仮定する償却方法。生鮮食料品の鮮度が急激に悪くなるように、価値が急激に陳腐化するような資産を想定した償却方法といわれている。償却金額を早期に多額に計上でき、節税効果があるとされることから、多くの組織で採用されている
　　　初年度の償却額は、30万円×償却率0.667＝減価償却費200,100円（200％償却の場合）。2年目以降は（取得原価－償却累計額）×償却率で計算する
　　　＊定率法は償却保証額などの概念もあり、計算自体は煩雑

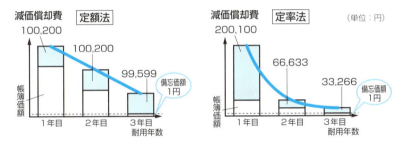

償却資産の位置づけ

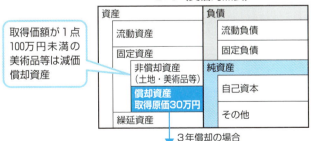

減価償却	1年目	2年目	3年目	累計額
定額法	100,200	100,200	99,599	299,999
定率法	200,100	66,633	33,266	299,999

定額法も定率法も、「減価償却累計額」は取得原価から1円（備忘価額）を除いた299,999円で同額となる

45 経費処理ができる償却資産と少額資産の取扱い

 減価償却資産のなかには即時経費処理が認められている資産もある。

僅少・短期の「少額資産」は経費

　減価償却という手続きは、**減価償却資産**（償却資産）の取得価額を耐用年数にわたり期間負担させますが、僅少(きんしょう)なものは、こうした手続きは不要です。10万円未満であれば、事業の用に供したときの損金とすれば、経費処理できます。これを**少額減価償却資産**（少額資産）といいます。

　その際、消費税の経理方法で取扱いが異なることには留意が必要です。

　本体価格99,800円のパソコンを購入したとすると、**税抜処理**を採用していれば10万円未満なので少額資産に該当しますが、**税込処理**だと消費税も含めた金額が10万円を超えるので少額資産に該当しません。

　この取得価額は、**取引される単位**ごとに判定します。

　たとえば、応接セットはテーブルと椅子が対で取引されていますし、カーテンも1つの部屋で数枚が組み合わされて機能するので部屋ごとに1単位とします。1単位で10万円未満になるかどうかがポイントです。

　一方、取得価額がどんなに多額でも、1年を超えて使用することのないものは、そもそも期間配分する必要がないので、損金＝経費とすることが可能です。

　たとえば、テレビ放映用のコマーシャルフィルムは法定耐用年数2年で減価償却しますが、放映期間が1年未満の短期であれば、1億円でも損金経理、経費処理が可能です。

　また、取得価額が20万円未満の減価償却資産は、各事業年度の全部または一部の合計額を一括し、これを3年間で3分の1ずつ均等償却する**一括償却資産**も選択できます。

ワンポイント　中小企業の30万円特例

資本金1億円以下等の中小企業の場合は、取得価額が30万円未満である減価償却資産を2006年4月1日から2022年3月31日までの間に取得などして事業の用に供した場合、その取得価額に相当する金額を損金の額に算入することで、経費処理できます。ただし、取得価額の合計額300万円までを限度額とするなど、一定の要件がある点に注意が必要です。

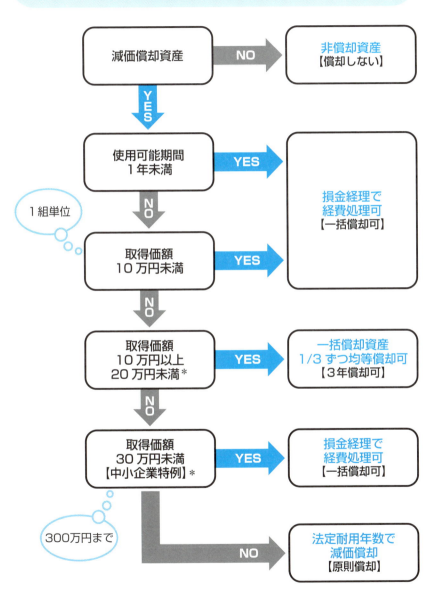

46 減価償却のポイント
〜耐用年数と償却開始時期〜

 耐用年数と償却開始時期のシステム誤入力に留意しよう！

実務では「税法基準」を採用するのが基本

「その資産を何年使うか」を見積もるとき、日本の会計慣行は、従来から税法基準を容認していることから、税法上の耐用年数（法定耐用年数）が用いられ、償却の開始時期も税法によるのが一般的です（税法上の耐用年数が示される「減価償却資産の耐用年数等に関する省令」は国税庁等のウェブサイトで確認できます）。

償却計算は「月割り」で

減価償却は、固定資産を「購入した時期」から行なうのではなく、「事業の用に供した時期」から、原則「月割り」で行ないます。たとえば、1月10日購入、2月5日生産開始の機械の場合、2月から2か月分償却することになり、1月から3か月分償却するわけではありません（3月決算会社の場合）。償却開始時期のシステムへの誤入力に注意しましょう。

「事業の用に供した時期」は、業種・業態やその資産の構成・使用の状況などを勘案して判断することになります。一般的には、その減価償却資産のもつ属性に従って、本来の目的のために使用を開始するに至ったときが「事業の用に供した時期」とされます。

たとえば、機械購入の場合、機械を工場内に搬入しただけでは事業の用に供したとはいえません。機械を据え付けて、試運転を完了し、製品などを実際に生産開始した日が「事業の用に供した時期」と判断されます。

パソコン購入の場合、事務所に置いただけでは事業の用に供したとはいえません。本体・モニター・キーボードの接続、ソフトウェアのインストールが完了し、実際に業務で使用開始した日が「事業の用に供した時期」と判断されます。

このように「事業の用に供した時期」の判断は実務上煩雑なので、経理上、納品書・検収書・領収書等の日付をチェックすることがポイントです。

特に、機械等多額の投資が必要な資産は、「事業の用に供した時期」の判断次第では、その後の償却計算や原価計算等にも影響が出ますから、工場等の現場と確実にコミュニケーションをとりましょう。

減価償却の計算例

3月決算の会社が、4月29日に機械を28万円で購入、5月15日に据付完了（据付費1万円）、製造開始した場合（税法上の法定耐用年数5年）

償却方法	中小企業特例の適用＊	
	あり	なし
定額法	取得原価(28＋1)＝29万円は即時損金経理	(28＋1)万円 ×0.2×11/12＝53,166 円
定率法		(28＋1)万円 ×0.4×11/12＝106,333 円

ポイント① 償却開始は4月ではなく、製造を開始した5月から月割計算。この事例では5～3月までの11か月分が減価償却費として計上されることになる

ポイント② 取得原価には「付随費用」も加えて計算する
（購入代価 28万円 ＋ 据付費 1万円 ＝ 取得原価 29万円）

＊資本金1億円以下等の要件を満たした中小企業は、中小企業特例により取得原価30万円未満の場合、一定要件を満たした資産の即時損金経理が可能となる（項目45参照）。中小会社や産業保護・育成のため、税法の特例が用意されている場合もあるので、日頃から情報収集を怠らないこと

ワンポイント　取得価額の決定

購入した減価償却資産は、購入した資産の価額（購入代価）に、引取運賃や運送保険料などの購入に要した費用と、事業の用に供するために直接要した費用を合わせた「付随費用」も取得原価になります。

自社で建設、製作した減価償却資産は、建設・製作に要した原材料費・労務費・経費に、事業の用に供するために直接要した費用を加えた合計が、取得原価になります。

このほか、合併や出資で受け入れた場合、贈与や交換、低廉譲渡や高額譲渡などで取得した場合等の税法上の論点や、会計上の論点などもあります。

【税法で規定する、固定資産の取得価額に含まれる費用】
(1)その資産の購入の代価……引取運賃、荷役費、運送保険料、関税、その他（その資産の購入のために要した費用がある場合には、その費用の額を加算した金額）
(2)その資産を事業の用に供するために直接要した費用……機械の据付費、試運転費など

【会社の選択により取得価額に含めないことができる費用例】
(1)不動産取得税または自動車取得税
(2)登録免許税、その他登記や登録のために要する費用（これらの費用は実務上、税負担軽減の観点から早期費用計上が望まれるため、「取得価額には含めず費用計上する」のが一般的）

47 リース・レンタル・シェア
調達方法によって会計処理は異なる

 取引形態の多様化に対応した経理ルールが整備されている。

所有から利用・共有の時代の経理処理

これまでモノを利用するには「売買」で所有するのが一般的でしたが、リースやレンタル、シェアという取引形態が登場し、一変しました。

リース・レンタル・シェアの概念図

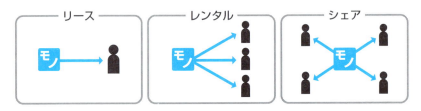

実務ポイントは、売買同様に経理処理するか、資産の利用料である支払リース料等をそのまま経費処理する賃貸借とするか、です。

「リース」は、貸主であるリース会社等が、借主の指定する車両や機械等を調達し、これを借主に貸し付ける取引で、リース契約という形式です。しかし、実質は売買と変わらないため、借主は売買で所有した固定資産と同様、リース資産台帳で資産管理する必要があります。

「レンタル」は、貸主が需要を見込み車両や機械等を調達し、これを不特定多数の借主に賃貸借する取引です。借主は必要な分だけ利用します。

「シェア」も基本的にはレンタルと同じですが、①B to C（Business to Consumer）、企業と個人間の取引で、借主が必要な分だけ利用する形態と、②C to C（Consumer to Consumer）、つまり個人対個人のシェア取引に大別されます。②は個人の所有するマイカーや駐車場などの未利用分を、利用したい借主に貸し出し、共有するという取引形態です。

基本的に、ファイナンス・リース（ア 中途解約不可で、イ 物件の使用にかかる費用を負担するフルペイアウトの条件を満たすリース取引）は「売買」、それ以外のオペレーティング・リース（ファイナンス・リース以外のリース取引）、レンタル、シェアによる取引は「賃貸借」となります。

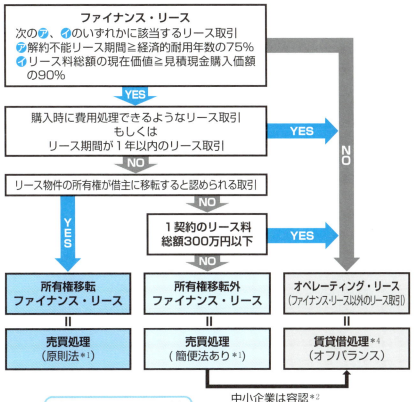

COLUMN

固定資産管理では「減税措置」の理解も不可欠

　特定産業の保護育成や投資促進などの政策的観点から、租税特別措置法という税法で、減税優遇措置が規定されます。

　特別償却はその1つで、これを適用すれば、早期償却により、通常よりも費用化を早められ、減価償却資産の陳腐化に備えることができるとともに、節税効果も見込めます。

　工場などの高額投資を考えるとき、減税措置の有無を確認することも、「豆を数える人」で終わらないために押さえておきたい大事な論点の1つです。

　この早期償却では、最初の事業年度にのみ受けられる初年度特別償却と、通常の減価償却（普通償却限度額）に加えて数年間受けられる割増償却を選択適用できる場合がほとんどです。

　特別償却の会計処理には、直接減額方式と準備金方式という方法があります。こうした知識もいずれ身につけてほしいと思います。

「豆を仕切る」には
まだまだ覚えなきゃ
いけないことがあるな！

Lesson 5
最低限知っておきたい「会計」
③決算書のしくみ

経理業務の核といえるのが、利害関係者への情報開示のために行なう決算書類の作成業務です。よく「決算書」と一口にいいますが、この書類を経理は多方面に目配りをしながら作成することになります。新任経理担当者は、まず本書に書かれている内容を理解し、必要に応じて専門性を深掘りしていきましょう。

利害関係者への情報開示のために決算書は必要です！

48 基本の財務三表とその他の決算書の関係

 決算書は「数字のつながり」に注目して眺めよう。

「鳥の目・虫の目・魚の目」で眺める

決算書は、「数字が各種書類でどうつながっているか」が見えてくると深く理解できるようになります。

大事なのは、決算書を広い大地や大空に見立て「鳥の目」で全体像をイメージし大所高所から問題点を見つけ、地を這う「虫の目」と流れを見る「魚の目」で、細部に目を凝らして経営課題の本質を探ることです。

「会計直観力養成マップ」でイメージング

ここでご紹介したいのが、次ページ図で示す、本物の決算書をコンパクトにまとめた、筆者オリジナルの会計直観力養成マップというツールです。例示した数字を「鳥の目」で見られるようになることが、「豆を数える人」の最低条件になります。

マップの中央にP/L損益計算書があり、線の先には、同じ数字や漢字が並んでいます。

P/Lの下側に「税引前当期純利益3,250」、まったく同じものがC/Fキャッシュ・フロー計算書の上側にもあります。

P/Lの売上原価の内訳項目「商品期末棚卸高24」と「製品期末棚卸高278」の合計が、B/S貸借対照表の「商品及び製品302」と一致しているのもわかります。

このように、決算書はすべてつながっているのです。

そもそも、決算書を読めない人は、この決算書同士のつながりをイメージできていません。

ということは、数字のつながりをイメージできれば、決算書や会計に対する理解を一段高いレベルに引き上げられるのです。

会計直観力養成マップをもとに「鳥の目」に必要な項目を押さえれば、ビジネスパーソンに必要十分なレベルで決算書を概観できるようになります。これがビジネスセンスを磨く近道です。

まずは、本物の決算書と向き合い、各種決算書のつながりを理解してください。

49 計算書類の類型と作成ルール

 会社は会社法のルールに基づいて「計算書類」を作成する。

2大決算書作成のルール

決算書の作成義務には、大きく分けて次の2つの系譜があります。

①上場企業等に課された義務

金融商品取引法（金商法）と、その具体的指針である**財務諸表等の用語、様式及び作成方法に関する規則**（通称、**財務諸表等規則**。**財規**）に基づいて**財務諸表**を作成する（連結の場合は**連結財務諸表**を作成）

②すべての会社に課された義務

会社法と、その具体的指針である**会社計算規則**（通称、**計規**）に基づいて**計算書類**を作成する（連結の場合は**連結計算書類**を作成）

いずれのルールとも、1つの会社の決算書だけを対象とする**個別**（**単体**ともいう）と、グループ全体を対象とする**連結**という決算範囲の違いによる決算書を作成する必要があります。

以上から、どの会社も作成しなければいけないのは計算書類ということになります。

キャッシュ・フロー計算書の作成義務について

会社法における決算書（計算書類）等の内容は、次ページ表のような構成になっています。

ご覧いただくとわかるように、会社法では**キャッシュ・フロー計算書**（**C/F**）が規定されていません。

キャッシュ・フロー計算書は、金融商品取引法では作成が義務づけられているのですが、会社法には規定がないのです。

つまり、上場企業等のように金商法の適用がある会社以外は、必ずしもキャッシュ・フロー計算書を作成する必要がないということになります。

会社法が要求する計算書類等の種類と意義

個別〔単体〕		連結		それぞれの意義
計算書類	貸借対照表	連結計算書類	連結貸借対照表	B/S（Balance Sheet）は、期末における資産・負債・純資産の「財政状態」を示す表
	損益計算書		連結損益計算書	P/L（Profit&Loss Statement）は、一会計期間の「経営成績」を示す表
	株主資本等変動計算書		連結株主資本等変動計算書	B/Sの「純資産」＝株主資本等の、一会計期間の増減表
	個別注記表*1		連結注記表*1	重要な会計方針など、計算書類作成に関する注記表（説明書きのようなもの）
附属明細書（計算書類）		―		「計算書類」をより詳細に説明する明細書
事業報告*2				会社の状況に関する重要な事項等の内容を記載する説明報告書
附属明細書（事業報告）		―		「事業報告」をより詳細に説明する明細書

＊1　（連結）計算書類の末尾に記載することもできる（会社計算規則89③）
＊2　連結計算書類を作成している場合、株式会社の現況に関する事項を、連結計算書類の内容で記載することができる（会社法施行規則120②）

50 決算書を補足する附属明細書のしくみ

 決算書をわかりやすく説明するため、附属明細書をつくる。

附属明細書とは

すべての会社は、会社法に基づき計算書類という決算書を作成しますが、これを補足説明する附属明細書を作成する必要もあります。

法定されている附属明細書は、次の4つです。

【基本の附属明細書】
①有形固定資産及び無形固定資産の明細
②引当金の明細
③販売費及び一般管理費の明細
④会計監査人設置会社以外の株式会社において、関連当事者との取引に関する注記の内容を一部省略した場合における省略事項

このほか、株式会社の貸借対照表、損益計算書、株主資本等変動計算書、個別注記表の内容を補足する重要な事項も記載します。

上記①～③の附属明細書は、貸借対照表と損益計算書と密接なつながりがある点も理解しましょう。①は土地や建物などの有形固定資産やソフトウェアなどの無形固定資産の増減・残高、②は貸倒引当金などの引当金の増減・残高、③は販売費及び一般管理費の内訳項目を表わしています。

附属明細書を作成するときの留意点

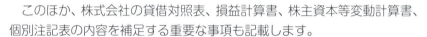

附属明細書は、実務上、計算書類に係る附属明細書のひな形（日本公認会計士協会、会計制度委員会研究報告9号）などを参考に、株式会社の自主的判断に加え、株主等に正確でわかりやすい情報開示をする観点から、各社工夫して明細書を作成する必要があります。

金額の記載単位は計算書類に合わせます。千円未満切り捨てとするのが一般的でしょう。

なお、規定されている4つの附属明細書も、該当事項がなければ作成は不要です。「該当事項なし」とする必要もなく、見出しそのものを省略して差し支えありません。

附属明細書とB/S、P/Lとのつながり

貸借対照表

科目	金額	科目	金額
流動資産	160	流動負債	250
⋮			
貸倒引当金	△50	賞与引当金	100
固定資産	325		
有形固定資産	280	固定負債	50
建物	80	⋮	
土地	200		
無形固定資産	40		
借地権	30		
のれん	10	負債合計	300
投資その他の資産	5	株主資本	200
⋮		資本金	150
繰延資産	15	利益剰余金	50
⋮		純資産合計	200
資産合計	500	負債・純資産合計	500

1. 有形固定資産及び無形固定資産の明細

区分	資産の種類	期首帳簿価額	当期増加額	当期減少額	当期償却額	期末帳簿価額	減価償却累計額
有形固定資産	建物	110	0	10	20	80	30
	土地	190	10	0	−	200	−
	計	300	10	10	20	280	30
無形固定資産	借地権	30	0	0	0	30	
	のれん	50	0	0	40	10	
	計	80	0	0	40	40	

2. 引当金の明細

科目	期首残高	増加額	当期減少額	期末残高
貸倒引当金	0	50	0	50
賞与引当金	0	100	0	100

3. 販売費及び一般管理費の明細

科目	金額	摘要
⋮		
貸倒引当金繰入	50	
賞与引当金繰入	100	
減価償却費	20	
のれん償却費	40	
計	500	

附属明細書とB/S、P/Lの関係を理解しよう!

損益計算書

科目	金額
売上高	10,000
売上原価	8,000
売上総利益	2,000
販売費及び一般管理費	500
営業利益	1,500
⋮	

51 上場会社の情報開示制度と有価証券報告書の記載事項

 証券市場に上場すると会社情報の開示義務が増大する。

あなたは「説明責任」の担い手の1人

　株式公開（Initial Public Offering、IPO）するということは、それだけ社会的責任が増すということです。

　会社法による情報開示のほか、金融商品取引法が適用される上場会社等は、M&A（Merger & Acquisition：合併と買収）や、不正会計（粉飾・横領など）など、様々な局面で会社情報の開示を求められます。

　経理担当者として、会社法や金融商品取引法に基づく定型的な情報開示のほかに、随時・臨時で情報開示しなければならないことを、いまから覚悟してください。

　経理担当者は、「会計（アカウンティング）をツールとして用い、株主・投資家や金融機関、取引先といった利害関係者（ステークホルダー）に責任（レスポンシビリティ）を果たす、説明責任（アカウンタビリティ）の担い手の1人である」ことを自覚し、適時・適切に情報開示するよう心がけましょう。

有価証券報告書の記載内容に関する留意点

　上場会社の場合、3か月ごとに第1～第3四半期の四半期報告書、事業年度末に有価証券報告書（有報）、1年間で少なくとも合計4つの企業内容開示資料を作成・報告しなければなりません。

　四半期報告書は有報よりも簡略化されていますが、いずれも内容は多岐にわたり、経理だけでは作成できません。総務・法務・人事・営業・企画などの部署が分担して開示資料をつくるのが一般的です。そこで、「誰が、いつまでに、何を作成しなければならないか」を確認してください。

　実際の有報を見ることも勉強になります。有報は、上場各社や金融庁のEDINET（エディネット）等のウェブサイト（http://disclosure.edinet-fsa.go.jp/）からダウンロードできます。なお、有報はXBRL（エックスビーアールエル）という統一言語で作成・公開する必要があることも覚えておきましょう。

　有報の作成に関しては、「入力権限は誰にあるか」「どのように入力すればよいか」等を確認してください。ちなみに、「紙ベースの有報は問題なし、しかしEDINETで訂正報告あり」という事例も散見されますので、紙ベースとデータの同一性の検証も怠りなく！

証券市場に上場すると説明責任が増す

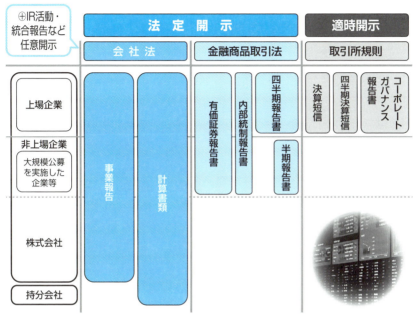

経済産業省　経済産業政策局　企業会計室『企業情報開示等をめぐる国際動向』を一部加筆修正

金融商品取引法の開示書類「有価証券報告書」の記載事項

有価証券報告書記載項目（第3号様式より抜粋）

第1　企業の概況
（主要な経営指標等の推移や、沿革・事業内容など）

第2　事業の状況
（業績等の概要、生産・受注・販売の状況、対処すべき課題、事業等のリスクなど）

第3　設備の状況
（設備投資等の概要、設備の新設・除却等の計画など）

第4　提出会社の状況
（株式等の状況や、配当政策、株価推移など）

第5　経理の状況　← 経理の主要担当箇所
（連結・個別の財務諸表等）
- 貸借対照表
- 損益計算書
- 株主資本等変動計算書
- キャッシュ・フロー計算書
- 附属明細表　ほか

第6　提出会社の株式事務の概要

第7　提出会社の参考情報

52 財政状態を示すB/S 貸借対照表のしくみ

 B/Sは「バランス」と「スピード」の理解がポイント。

左右の箱で「バランス」を把握しよう

B/S (Balance Sheet：貸借対照表) は左右に3つの箱があります。

借方に、金・物・権利の運用状態を示す「資産」、貸方にこれら資産の調達源泉、つまり、返済義務がある「負債（＝他人資本）」、返済不要な「純資産（＝自己資本）」の合計が表わされます。これら資産・負債・純資産という3つの箱のバランスを見るのがポイントです。

左右のバランスは、流動比率（＝流動資産÷流動負債）で短期的な支払能力を見ます。上下のバランス、負債比率（＝負債÷純資産）で他人資本と自己資本のバランスを見ます。これが「バランス」を見る基本です。

「スピード」の把握も重要

会社は、「商品の仕入→顧客への販売→代金の回収→商品の仕入……」を繰り返してビジネスを継続させるため、「回転が速い＝回転率が高い＝回転期間が短いほど新旧入替がスムーズ＝経営順調」と見ます。

次ページの下表は考え方の違いに応じて回転を4区分で示したものです。意味合いはどれも同じです。

棚卸資産を対象にした在庫回転率（＝売上高〈年〉÷商品）は、1期間に商品が何回新旧入れ替わるかを示すのに対し、在庫回転期間（＝商品÷売上高〈月〉）は、商品が1回転するために何か月かかるかを示します。いずれも分母・分子が逆になっただけに過ぎず、同一内容です。

算式中の商品は、一般に平均残高を求めて回転分析します。要は期首と期末を足して2で割り、残高のブレを均等にならして扱うのです。期首と期末の残高が大きくブレる場合、期末残高をそのまま使うと回転分析に狂いが生じるため、正確性を考えて平残で回転分析するのがよいでしょう。

売上債権回転期間（＝売上債権の平残÷月商）では、売上債権（＝受取手形＋売掛金－前受金）の滞留状況が把握できます。月商（＝年間売上高÷12）は月平均の売上高です。回転期間は、「数値が小さい＝期間が短いほど、債権回収のスピード感があり、優良」とされます。

経営分析は、同業他社や自社の過去数期間データで比較します。

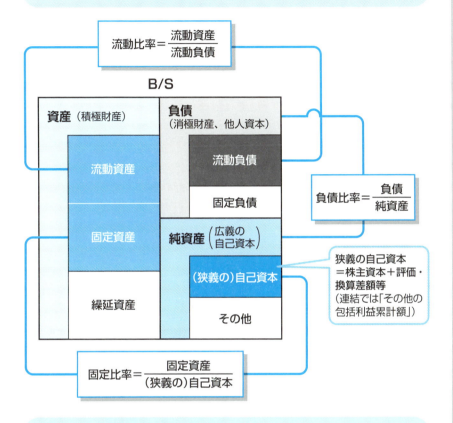

53 一定期間の経営成績を表わすP/L 損益計算書のしくみ

 基本の「5つの利益」を理解しよう。

売上・費用・利益の関係を解きほぐせ！

P/L（Profit and Loss statement：損益計算書）は、利益を段階的に計算しているのが特徴です。

売上高は「年商」ともいうように、経営の良し悪しを考える際に最も重要な指標です。売上高に直接対応するコストが売上原価、売上高と売上原価の差額として一般に粗利と呼ぶ売上総利益が計算されます。

これらを売上高で割った売上原価率（＝売上原価÷売上高）と売上総利益率（＝売上総利益÷売上高）はコインの裏表の関係で、「1－売上原価率＝売上総利益率」となります。

売上総利益から人件費や広告宣伝費などの販売費及び一般管理費を引き、営業利益を求めます。営業利益率（＝営業利益÷売上高）は、本業の稼ぎを示す大切な指標。大きな割合を占める人件費率（＝人件費÷売上高）などを見ると、他社との優劣などで興味深い考察ができるでしょう。

営業利益に、本業とは直接関係のない、たとえば受取配当金のような毎期経常的に発生する収益（＝営業外収益）を足し、支払利息のような費用（＝営業外費用）を引くことで、経常利益が算出されます。

経常的な収益性を表わす経常利益率（＝経常利益÷売上高）は、誰もが注目する利益率です。経常利益に、経常的ではない特別な損益、たとえば固定資産売却益のような特別利益や、減損損失のような特別損失などを加減し、税引前当期純利益を算出します。ここから会社が負担すべき税金を差し引いた残りが、最終利益である当期純利益となります。

この当期純利益を売上高で割った当期純利益率（＝当期純利益÷売上高）を見れば、会社全体の収益性を把握することができます。

なお、上記の利益率は、高ければ収益性がよいとみなします。

グループの経営成績を表わす連結損益計算書及び連結包括利益計算書では、基本の5つの利益（売上総利益、営業利益、経常利益、税金等調整前当期純利益、当期純利益）に、親会社株主に帰属する当期純利益と包括利益の2つの利益が追加されます。連結上の利益は合計7つあるわけです。

売上高と利益または原価との対比が基本

	分子÷売上高	分子	中小企業（平均）	目安
利益率	売上総利益率	①売上総利益	20～30%以上	より大
	営業利益率	②営業利益	3～8%以上	
	経常利益率	③経常利益	2～6%以上	
	当期(純)利益率	④当期純利益	1～3%以上	
原価率	売上原価率	⑤売上原価	80～70%以下	より小
	販管費率	⑥販売費及び一般管理費	13～30%以下	
	人件費率	⑦人件費	7～20%以下	

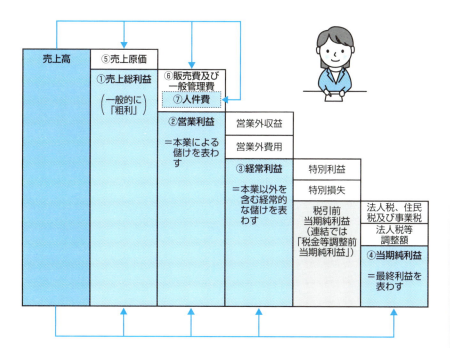

本業の儲け、経常的な儲け、最終の儲けを中心に分析し、必要に応じてコスト内容を分析する

54 資金の動きを示すC/F キャッシュ・フロー計算書のしくみ

 理想のスタイルは「ボン・キュッ・キュッ」。

利益は「意見」、お金は「事実」

キャッシュ・フロー計算書（C/F）は、お金の動きを(1)営業、(2)投資、(3)財務の活動別に表わす決算書です。次ページ図は、会社の寿命に当てはめてキャッシュ・フロー3区分を（＋）（－）でパターン化したもので、左端が会社の誕生、右側に向かい寿命を終えるイメージです。

(1)本業で儲ければ営業ＣＦ（＋）。本業が赤字で営業ＣＦ（－）
(2)資産売却収入で投資ＣＦ（＋）。投資に積極支出すれば投資ＣＦ（－）
(3)借入収入等で財務ＣＦ（＋）。借入返済や配当支払い等で財務ＣＦ（－）

安定成長の会社は、本業で儲け（営業ＣＦ＋）、将来への投資支出（投資ＣＦ－）、借入れの返済支出・配当支払いで株主還元（財務ＣＦ－）、商売の基本「儲けて、使う」パターン③「＋－－」として現われます。

理想はこの③「ボン・キュッ・キュッ」のスタイル。本業で儲けがボン（営業ＣＦ＋）、将来への投資（投資ＣＦ－）や株主還元（財務ＣＦ－）もほどほどに行なってキュッ・キュッです。

一方、普通の人がよいと考えがちなパターン⑤「＋＋＋」は、過剰資産を売却し、新規事業を模索中の成熟企業でよく見られます。

経営の自由度を見る、ＦＣＦ簡易算出法

他人に依存しない「自由な、余裕のある、お金の流れ」がどの程度か（他人依存度）を把握するＦＣＦ（＝営業ＣＦ＋投資ＣＦ）も重要です。ＦＣＦが大きいほど経営の自由度が高まります。有望な事業への新規投資、株主への配当還元、これもＦＣＦがあってこそ行なえるものです。

ＦＣＦは、C/Fがなくても計算可能です。そもそも、「キャッシュ・フロー＝期末のキャッシュ残高－期首のキャッシュ残高」です。

ＦＣＦは財務ＣＦを除く営業ＣＦと投資ＣＦの合計です。小規模な会社の財務ＣＦは金融機関等からの借入増減だけでしょうから、財務ＣＦさえわかれば簡易版ＦＣＦ｛（期末のキャッシュ残高－期首のキャッシュ残高）－（期末の借入金残高－期首の借入金残高）｝を算出できます。

キャッシュ・フロー（C/F）の8つのパターン

フリー・キャッシュ・フロー（FCF）
＝営業CF＋投資CF
FCFが多いほど経営の自由度が高まる

項目56の4兄弟の事例で、利益とキャッシュの増減関係を理解しよう

理想のスタイル「ボン・キュッ・キュッ」

CF	①	②	③	④	⑤	⑥	⑦	⑧
営業	−	＋	＋	＋	＋	−	−	−
投資	−	−	−	＋	＋	＋	＋	−(0)
財務	＋	＋	−	−	＋	＋	−	−
	一般的状況	設立当初	拡大路線	安定成長	リストラ中	新規模索中	本業不振	貸し剥がし 倒産目前

"すべて＋"がよいわけではない。⑤の場合、成熟企業が過剰資産を売却し、新規事業を模索している場合に見られる

55 資産の資金化と負債の支払いのタイミング

 運転資金の概念を理解しよう。

運転資金をクールに表現した注目の指標「CCC」

項目52の回転分析で「スピードを見よう」と指摘したのは、「資金の効率的な運用ができているか」「資金ショートしないか」といったことを意識しています。キャッシュという会社にとっての血液が滞れば、窮地に立たされ、倒産の憂き目にあうこともあるわけですから、リスク管理の一環としても「スピード」のチェックは必要です。

この考えの延長線上に「運転資金」という考えがあります。

> 運転資金＝在庫＋売上債権－仕入債務

資金の回収と支払いのタイミングが一致していれば運転資金は不要ですが、現実には支払いが先行し、回収が遅延します。そこで、ビジネスを滞りなく回していくために、運転資金が必要となります。

この運転資金をクールに表現したのが、最近注目の経営指標であるキャッシュ・コンバージョン・サイクル、略称CCCです。

> CCC＝棚卸資産回転期間＋売上債権回転期間－仕入債務回転期間

売上債権回転期間は項目52のとおりで、棚卸資産回転期間も同様に考えます（なお、仕入債務回転期間＝（支払手形＋買掛金）÷1か月当り売上原価で算出します）。

CCCは、キャッシュの回収スピードを把握する指標で、小さい（＝短期）ほどキャッシュ創出力が高く、競争力ありと判断できます。

こうして見てみると、運転資金は売上債権等の金額そのものから算出し、CCCは売上債権等の回転分析の結果から算出していて、どちらもほぼ同じことを少し違った言い回しで表現しているに過ぎないことがわかります。

「豆を数える人」は数字の表面を大げさにとらえがちですが、これではいつまでたっても数字の本質をつかむことはできません。数字の本質を的確に見抜く「豆を仕切れる人」になれるよう、経営数字にかかる知識を増やしていきましょう。

回収スピードを意識しよう

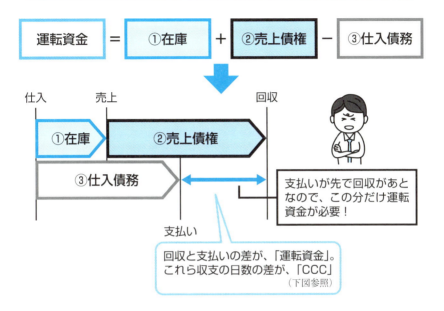

キャッシュ・コンバージョン・サイクル（CCC）とは

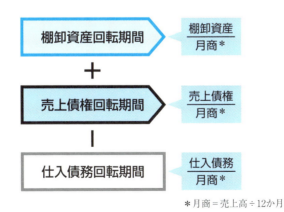

56 理想は「現金売りの掛仕入」儲けの本質はキャッシュ・フローにある

儲けはキャッシュ・フローから生まれるということを理解しよう。

同じ損益でも異なる4兄弟の台所事情

キャッシュ・フローの大切さを例を使って見ていくことにしましょう。

コツコツ溜めた100万円を元手に商売を始め、1年が過ぎた仲良し4兄弟。売上1,000万円、仕入800万円、差引の利益は200万円、損益結果は同じ。しかし、4人の財布の中身がまったく異なっていたのは、「利益を回収するタイミング」＝キャッシュ・フローの違いが原因です。

普通男の取引は、すべて現金決済。収入－支出＝収益－費用＝利益はすべてキャッシュで回収されます。これが「普通の商売人」の感覚です。

掛男は、すべて掛取引で、売上・仕入の収支バランス0、元手の100万円だけが手元に残る結果に。

良男の取引は、普通男と掛男のいいとこどり。現金売りで、掛仕入。収入1,000万円＋期首の元手100万円＝期末の現金1,100万円に。良男は、キャッシュ・フローを最大化する「理想的な商売人」です。

悪男は、普通男と掛男のビジネスセンスの悪いところだけ似て、現金払いの、掛売り。キャッシュ・フローは売上分ゼロ、仕入分▲800万円で、期首元手100万円を加えても700万円の現金不足、「キャッシュ」がなければ黒字倒産も。だから借入金という負債がB/Sに残ったのです。

「儲け」の本当の意味

売上、利益という損益が同じでも、財布の中身は四者四様。P/L（損益計算書）で利益だけ見て「儲かっている」というのは、大きな間違いなのです。本当に「儲けた！」というのは、現金が手元に残る状態だからです。

強い会社は、P/Lだけでなく、B/S（貸借対照表）やC/F（キャッシュ・フロー計算書）にも注目し、決算書全体で会社を評価しています。この点を理解するには、項目48で述べた「会計直観力養成マップ」で決算書のつながりを理解する必要があります。

C/Fがなければ、営業利益（本業の儲け）に、固定資産の「減価償却費」を足し算すればよいでしょう。金融機関はこれを簡易キャッシュ・フローとし、評価対象会社の儲け度合いの参考指標としています。

4兄弟のキャッシュ・フロー

元手が一緒(100)で、1年後の損益状況も売上高1,000－経費800＝利益200で一緒の4兄弟。

1年後のP/L（損益計算書）

売上高	1,000
経費	800
利益	200

全員、利益が200なのに…

4兄弟の期末キャッシュ

| 300 | 1,100 | 100 | 0 |

悪男は借入金700

内情は…

売上入金と仕入支払いのタイミングの違い

4兄弟の期末のC/F（キャッシュ・フロー計算書）

売上高1,000　【遅】金になるスピード【速】

経費800　【遅】金が出るスピード【速】

収入＼支出	掛売り ±0	現金売り +1,000
掛買い ±0	掛男 ±0	良男 +1,000
現金買い ▲800	悪男 ▲800	普通男 +200

良男は現金で代金を受け取り、経費の支払いはツケだったので、売上分の現金1,000が入る（当期のキャッシュ・フロー）。元手（期首B/S現金100）と合わせて期末B/Sに現金1,100が手許に残る

4兄弟の期首・期末のB/S（貸借対照表）

B/S科目名	期首	期末 普通男	期末 良男	期末 掛男	期末 悪男
現金	100	300	1,100	100	
売掛金				1,000	1,000
資産計	100	300	1,100	1,100	1,000
買掛金			800	800	
借入金					700
資本金（元手）	100	100	100	100	100
剰余金（利益）		200	200	200	200
負債・純資産計	100	300	1,100	1,100	1,000

貸借一致

57 メーカーに欠かせない製造原価明細書のしくみ

 メーカーの場合、C/Rの役割や構造も理解しよう。

製品を製造するためのコストを把握する

　P/L（損益計算書）では、まず売上高を計上し、ここから売上原価を引いて、一般に粗利と呼ばれる売上総利益を計算する形式で表示します。

　売上原価というコストは大別すると2つあります。

　商社のように、商品を仕入れて売る商売では、売れた分のコストが商品売上原価となります。

　一方、メーカーのように製品をつくって売る商売もあります。材料を仕入製造に使った分のコストを材料費、工場で働く工員の賃金を労務費、材料費・労務費以外にかかる光熱費のようなコストを経費として、3つに区分して製品を製造するためのコストを「費目別」に集計します。

　これら材・労・経のコストを当期総製造費用として集計のうえ、期末時点で未完成のまま製造が仕掛中となっている仕掛品を除き、当期に製品製造するためにかかったコストとして当期製品製造原価を集計します。

　ここまでの数字を製造原価明細書（C/R、Cost Report）で表示します。

　そして、最終的に期末時点で売れ残ってしまった製品を除き、つくった製品のうち売れた分をP/Lの製品売上原価として集計します。

　なお、期末時点で製造途中の「仕掛品」棚卸高や、製造したものの売れ残ってしまった「製品」棚卸高は、いずれもB/Sの流動資産に計上されます。なぜなら、仕掛品は完成させれば製品になり、これを売ればキャッシュになることから、これらは「キャッシュ・フローを生み出す資産」といえるからです。このようにP/LとC/RとB/Sはつながっています。

「他勘定振替」の意味

　P/LやC/Rでは、他勘定振替という勘定科目（右図⑳の部分）を見かけることがあります。

　これは、試乗車や展示品・見本品というように、サンプル出荷する場合などで用います。サンプルコストは製造原価ではなく、販売費という「他勘定」へ「振替」する必要があるからです。

C/R（Cost Report：製造原価明細書）の構造

C/R 製造原価明細書

⑭ 材料費	8,708
⑮ 労務費	596
⑯ 経費	762
⑰ 当期総製造費用 ＝ ⑭ ＋ ⑮ ＋ ⑯	10,066
⑱ 期首仕掛品棚卸高	10
⑲ 合計 ＝ ⑰ ＋ ⑱	10,076
⑳ 他勘定振替	1
㉑ 期末仕掛品棚卸高	13
㉒ 当期製品製造原価 ＝ ⑲ － ⑳ － ㉑	10,062

> P/Lには、売上高と個別的に対応する売上原価が表示され、これらの差額として一般に「粗利」という売上総利益が集計される

P/L 損益計算書

売上高	
（1）製品売上高	23,550
（2）商品売上高	13,564
（3）その他の売上高	1,943
（4）売上高合計 ＝ (1) ＋ (2) ＋ (3)	39,057
売上原価	
製品売上原価	
（5）期首製品棚卸高	284
（6）当期製品製造原価	10,062
（7）合計 ＝ (5) ＋ (6)	10,346
（8）期末製品棚卸高	324
（9）製品売上原価 ＝ (7) － (8)	10,022
（10）商品売上原価	9,061
（11）その他の原価	992
（12）売上原価合計 ＝ (9) ＋ (10) ＋ (11)	20,075
（13）売上総利益 ＝ (4)売上－(12)売上原価	18,982

> P/L項目のうち、当期の製品製造にかかったコスト（当期製品製造原価）の内訳がC/Rに集計される

B/S 貸借対照表

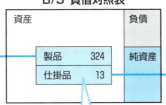

> 期末時点で、製造したものの売れ残ってしまった製品や、製造途中の仕掛品は、B/Sに資産計上される

58 製造コスト管理に必要不可欠な原価計算のしくみ

「IN＝OUT」の関係に注目しよう。

原価は3ステップで集計する

A液1リットル100円、B部品1箱100円、C粉1kg100円、これらを製造工程に投入し、グルグルッと混ぜ合わせ、製品10個が完成→（100円＋100円＋100円）÷完成品10個＝製品1個当り製造単価30円と算出する――、これが原価計算の本質です。

リットル・箱・kgのような異なる度量衡（＝単位）を、「製品・1個」という決まった単位に置き換える、主に製造業で見られる会計のしくみが原価計算です。

T字勘定が連なる図を見れば、左から右に製造コストが段階を経て、製品そして売上原価に集計されていくのがわかります。

第1段階で、A液などの材料費、作業員の賃金といった労務費、材料費・

原価計算の勘定連絡図（T勘定）

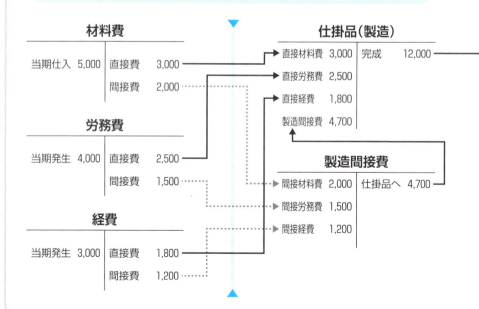

労務費以外の水道光熱費のような経費に原価要素を区分し、これらを製品製造との関連性から直接費と間接費に区分して費目別計算を行ないます。第2段階で、製造部門・補助部門別に部門別計算をします。第3段階で、製品1単位当りの製造原価を算出する製品別計算を行ないます。

このように、費目別・部門別・製品別の3ステップで製造コストを集計することになります。

ここで、勘定連絡図の▼▲の中にある製造間接費・仕掛品・製品の3つのT字勘定を隠して見てください。

期首・期末で、売れ残った製品や製造途中の仕掛品等が存在せず、当期発生した材料費5,000・労務費4,000・経費3,000が製造原価に集計され、すべて販売される事例では、売上原価12,000と売上高20,000が対比され、差引8,000の利益が計上されます。

材料費・労務費・経費を、製造工程にインプットし、製品としてアウトプット=「インプットされたものは必ずアウトプットされる」ことに着目して、製品単価というアウトプット情報を得るのが原価計算です。

言い換えると、会計は、金額であれ数量であれ、左右・貸借は「バランス」するのです。

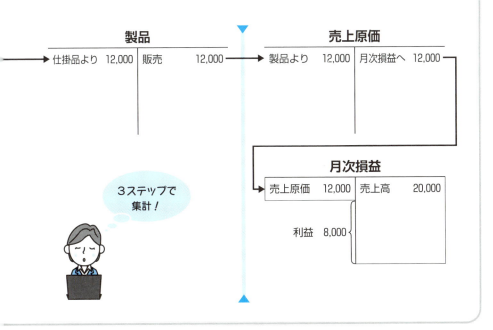

59 「配賦」と「直課」で原価負担の公平性を実現させる

 配賦と直課の概念を飲食代の割り勘を例に押さえよう。

「割り勘」＝管理会計でいう「配賦」のこと

　原価計算の際、費用を部署や製品等ごとに計算しなければなりません。この実務にあたって押さえておきたいのが配賦です。この概念を、管理会計の縮図である飲食代の精算で説明しましょう。

　飲み会では、女子よりも飲み食いする男子のほうが割高となるのが一般的です。「A君は100kg、私は50kg、だからA君は私の2倍払ってよ」と体重を基準にされる割り方だって考えられます。

　この男女の区分や体重による割り勘の基準、これが管理会計の肝となる配賦係数に相当するものです。

　仮に飲食代が1万円で、A君（100kg）、Bさん（50kg）、C君（60kg）が、「男子は女子の1.25倍」というように「体重基準」で割り勘する場合、A（100×1.25）＋B（50×1）＋C（60×1.25）＝250で、1万円を割り勘するので、A君は1万円÷250×（100×1.25）＝5,000円、以下同様に計算すると、Bさん2,000円、C君3,000円となります。

　なお、経理実務では、一定要件の区分や重量のような複数の基準を掛け合わせるほか、面積や金額などを単独の配賦係数とする場合もあります。

「ビール1本300円」＝各自に「直課」

　一方、はっきり計算できる消費部分（原価の消費事実が明確な場合）は個別に精算し、残額を割り勘する考え方もあります。消費した人（部署や製品等）に直接賦課（直課・賦課）するほうが公平な原価負担だからです。

　1本300円のビールを、A君5本、Bさん4本、C君1本消費した場合、A君への直課は1,500円、Bさん1,200円、C君300円です。このビール代合計3,000円を控除した残額7,000円を上記の配賦係数で配賦すると、ビール代を除く飲食代のA君への配賦は、7,000円÷250×（100×1.25）＝3,500円、以下Bさん1,400円、C君2,100円になります。

　直課するビール代と飲食代の配賦額を合わせた割り勘額は、次ページ図に示したように、Aくん5,000円、Bさん2,600円、C君2,400円で、直課の考慮前後では、BさんとC君で±600円の負担増減が生じます。

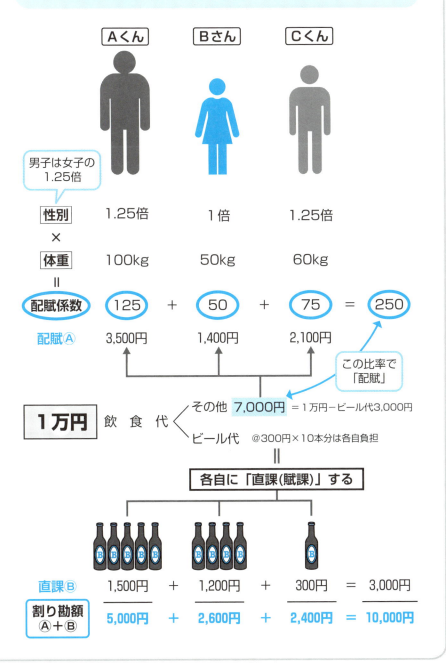

60 グループの総合力を表わす 連結決算のしくみ

「個別を足して、引いて、掛けて引くのが連結」と理解しよう。

連単倍率で総合力がわかる！

連結決算とは、親会社を中心とする子会社を含めたグループ全体の経営実態を把握するためのしくみで、プロセスは大きく3段階あります。

①グループの決算書を「足し合わせる」

親会社と子会社各社の単体の決算書を単純合算します。

②グループ内部取引を「差し引く」

親会社の子会社への売上5,000は、子会社から見れば親会社からの仕入です。こうした連結グループ内部の取引（内部取引）を消去、連結グループ外部との取引のみを決算書に取り込みます。

連結では、グループ内部の取引は、連結グループという「同じ財布」のなかでキャッシュが動き、売上・仕入を計上したに過ぎないと見るのです。

親会社100％出資子会社であれば、以上で連結作業は終わりです。

③子会社の利益に、親会社以外の出資割合を「掛けて引く」

中小企業のグループ会社はほぼ100％出資子会社なので、売上・仕入取引や地代・家賃取引などの連結グループ間取引を把握できれば、比較的簡単にグループ総合力を把握できます。

一方、取引先やベンチャーキャピタルなどから出資を受けたり、上場企業の場合、利益調整を行なう必要があります。親会社の出資割合80％、残り20％は外部から出資を受けている場合、子会社が計上した利益1,000のうち、80％部分は親会社のものですが、残り20％部分は少数派の株主が得るべき利益（＝非支配株主に帰属する当期純利益）なので、連結上、差し引くことになります。連結P/Lでは、親会社が獲得した利益9,000と、子会社が獲得した利益1,000のうち非支配株主に帰属する利益200を差し引いた、合計9,800が親会社株主に帰属する利益として計上されます。

分析の仕方としては、連単倍率（＝連結財務諸表の数値÷単体財務諸表の数値）を使って単体と連結の決算数値を比較します。「売上高の連単倍率は2倍、当期利益の連単倍率は3倍」などと表現しますが、グループ総合力があれば、売上や利益の連単倍率は1倍以上になります。1倍未満であれば子会社が親会社の足を引っ張っていると見ることができます。

連結のプロセスは、①足す、②引く、③掛けて引く

	❶ グループの決算書を足す			❷ グループの内部取引を引く	❸ 子会社の利益に親会社以外の出資割合を掛けて単純合算から引く	
	単体P/L			連結消去	連結P/L	
					子会社への出資割合	
	親会社	子会社	単純合算		100%の場合	80%の場合
外部への売上	12,000	6,000	18,000	0	18,000	18,000
子会社への売上	5,000	—	5,000	▲5,000	0	0
売上合計	17,000	6,000	23,000	▲5,000	18,000	18,000
外部からの仕入	8,000	0	8,000	0	8,000	8,000
親会社からの仕入	—	5,000	5,000	▲5,000	0	0
仕入合計	8,000	5,000	13,000	▲5,000	8,000	8,000
当期純利益（売上−仕入）	9,000	1,000	10,000	0	10,000	10,000
非支配株主に帰属する当期純利益	（子会社の利益×非支配株主持分20%）				0	200
親会社株主に帰属する当期純利益	＝単純合算の利益−（子会社の利益×非支配株主持分）				10,000	9,800

非支配株主持分20% ＝100％−親会社持分80％

紙幅の都合で連結P/Lのみを示しましたが、売上があれば売掛金、仕入があれば買掛金、というように連結B/S計上される内部取引も当然消去されます

「新任経理の仕事」の先にあるもの

　厳しいことを申し上げると、仕訳・記帳・入力・集計という経理の仕事は、少し勉強すれば誰にでもできることです。

　そもそも「経理」という言葉は「経営管理」に由来します。数字を集計するというような「豆を数える」のが現状のあなたの仕事だとすると、その先には、「集計した数字を比較・分析して経営に活かす手助けをする」という、経営参謀としての仕事が控えています。

　大半の組織では予算を組んでいますが、この予算と実績を比較・分析して「予実分析」を行ない、「予算に対して何が原因で、どの程度実際にずれたのか」を把握するにも、経理知識が不可欠です。

　同業他社との比較や数期間にわたって業績を比較する「経営管理」の仕事もあります。これは決算数字等を比較・分析する「財務分析」によって行ないます。

　製造業であれば、普通ならばこのくらいかかるという「標準原価」と、実際にかかった「実際原価」を比較・分析することで製造コストの増減要因を分析し、より手ごろな値段で消費者に提供するための価格資料を呈示するという「原価差異分析」もあります。

　このように、新任経理の仕事の先には、「豆を仕切る」経営参謀としての様々なミッションが待ち構えています。いずれ後輩をもつ身になって恥をかかないためにも、スキルアップは欠かせません。

Lesson 6

最低限知っておきたい「税務」

新任のあなたが任される税務は限られています。取引計上に欠かせない「消費税」、契約書や領収書に貼付する「印紙税」、役職員の給与等に関連する「源泉所得税」、この３つをマスターしましょう。加えて、取引記帳業務に関係する「法人税」等の論点を押さえれば、新任経理担当者レベルとしては申し分なしです。

税務ルールは細かいので、まずは基本をしっかり！

61 会社が納める主な税金と取扱いの違い

「税」と名前がついているが、取扱いはいろいろ。

3大所得課税のうち、法人事業税の処理には要注意

会社が納める税金には、納付先（国や都道府県、市町村）や課税形態（直接課税、間接課税）、課税対象等によって様々な種類があります。

法人の所得にかかる主な税金には、(1)法人税（国税）、(2)法人住民税（地方税）、(3)法人事業税（地方税）の3つがあります。

これら納税額は原則、「法人税、住民税及び事業税」勘定で処理しますが、このうち、法人事業税の取扱いには注意してください。経理上の取扱いが2つに分かれます。

法人事業税は、(1)所得割額＋(2)付加価値割額＋(3)資本割額の3つで構成されます。

(1)所得割額は、課税所得に基づいて計算されるので、「法人税、住民税及び事業税」勘定で処理します。

一方、(2)付加価値割額と(3)資本割額は、所得に関係ない、付加価値や資本金の大きさという外形標準で課税されるため、「租税公課」勘定で経理処理します。

経理処理するときの勘定科目が異なるケースもある

「法人税、住民税及び事業税」勘定以外の多くの税金は原則、「租税公課」勘定で経理処理しますが、別の処理方法となることもあります。

たとえば、仕入・販売に係る関税は、「売上原価」等として処理します。

役員・従業員への給与等の支払時や弁護士・公認会計士等の専門家に報酬を支払う際に預かった預り源泉所得税は、B/S「流動負債」の「預り金」勘定にいったん計上後、納付期限が来たら税金を納付（＝納税）します。

消費税は、税抜経理方式の場合、期中は仮払消費税または仮受消費税としてB/S計上、期末に仮受消費税から仮払消費税を差し引き、差額を未払消費税とした後、納付します。このとき、わずかに精算差額が発生することがありますが、これは雑収入または雑損失勘定等で処理します（項目62参照）。

会社が負担する税金の種類と処理科目（例）

課税対象	租税の種類	処理科目
契約書や手形などへの課税	印紙税	租税公課
資本金や人数・床面積など「外形（外観）」への課税	法人事業税* 事業所税	租税公課
不動産や設備の取得や所有などへの課税	固定資産税 償却資産税	租税公課
	不動産取得税 登録免許税	固定資産
商品の仕入・販売にかかる課税	関税	売上原価
	消費税	未払消費税 （納付額）
法令に基づく罰金	延滞税（金） 加算税（金）	雑損失
利益（所得）への課税	法人税 法人住民税 法人事業税*	法人税、住民税及び事業税

*法人事業税は本文説明のように「租税公課」と「法人税、住民税及び事業税」で経理処理する必要があることに留意

62 消費税の負担のしくみと税額の計算過程

 消費税の負担・納税のしくみを理解しよう。

消費税は消費者に代わって事業者に納税義務がある

消費税は、事業者が販売する商品・サービスの価格に含めて次々と転嫁され、最終的に商品を消費したりサービスの提供を受けた消費者が負担する税金です（次ページ上図）。

事業者は、商品・サービスの売上時に消費者から預かった消費税を集計・申告のうえ、消費者に代わって国に納付することになります。

消費税にかかる仕訳（税抜経理方式の場合）

消費税は国税と地方税に分かれています。まず、国税相当の消費税7.8％分を計算し、これに22／78を掛けて地方消費税2.2％を算出、これらを合算したものが10％の納付税額となります。

新任経理担当者が知っておきたい知識が、消費税にかかる仕訳です。

事例では、税率10％税抜5,000万円（税込5,500万円）の商品を仕入れ、これを税抜7,000万円（税込7,700万円）で売り上げています。すべて現金預金で取引が計上される場合の仕訳は次のとおりです。

仕入計上	（借方）仕入　　　　5,000	（貸方）現金預金　　5,500
	仮払消費税　 500	
売上計上	（借方）現金預金　　7,700	（貸方）売上高　　　7,000
		仮受消費税　 700

これら仕入・売上の計上で仮払消費税・仮受消費税が発生・計上され、両者を相殺し、差額を年度末に未払計上して、後日、消費税を納付します。

決算仕訳	（借方）仮受消費税　 700	（貸方）仮払消費税　 500
		未払消費税　 200

（実際の納付額の計算では、結果として貸借差額が生じることがあり、この場合は雑収入・雑損失等の勘定科目で経理処理する）

納　税	（借方）未払消費税　 200	（貸方）現金預金　　　200

消費税の負担のしくみ

	原材料 製造業者	完成品 製造業者	卸売業者	小売業者	消費者
売上	2,000	5,000	7,000	10,000	支払総額 11,000
消費税	① 200	② 500	③ 700	④ 1,000	消費者が負担した消費税 1,000
仕入		2,000	5,000	7,000	
消費税		① 200	② 500	③ 700	
納付税額	A ①200	B ②-①300	C ③-②200	D ④-③300	A+B+C+D 合計 1,000

申告・納付

＊消費税率10％で計算

納付税額の計算方法（上記、卸売業者の事例）

消費税が課税される売上高　**7,700**万円（税込）　**7,000**万円（税抜）

課税期間の課税仕入高　**5,500**万円（税込）

課税売上に係る消費税額　7,000万円×7.8%　**546**万円
ー
課税仕入等に係る消費税額　5,500万円×$\frac{7.8}{110}$　**390**万円
＝
消費税額　**156**万円

消費税額　**156**万円　×　$\frac{22}{78}$　＝　地方消費税額　**44**万円

消費税額　**156**万円　＋　地方消費税額　**44**万円　＝　納付税額　**200**万円

＊消費税率10％で計算

63 消費税のかかる取引、かからない取引

 課税、非課税、不課税、免税……、課税区分を理解しよう。

新任経理担当者は「消費税コード」に気をつけよう

消費税の課税対象は、国内取引と輸入取引です。国外で行なわれる取引は消費税の課税対象外（不課税）となります。

そのほか、本来は課税対象でありながら、政策的に非課税とされるものが13項目あります。福祉的な意味合いの濃い取引等が対象です。

このような、課税、非課税、不課税、免税という消費税率の取引区分に応じ、仕訳データ入力時に消費税コードを区別するのが新任経理担当者の大きな仕事の1つです。

消費税コードを間違えると、消費税計算に狂いが生じます。リース取引など、長期契約の取引は、消費税コードを誤るとその影響が長期に及ぶことになります。消費税コードの入力には注意が必要です。

消費税区分、間違いワースト3

(1) 商品券

消費税区分の判断で誤りが多い取引が「商品券」です。

商品券自体の購入取引は、現金との交換と同様、非課税項目。それゆえ、つい商品券の利用時も非課税としがちですが、商品券を利用して商品を購入することは、現金で商品を買うのと同じ課税取引です。

(2) 家賃支払い

「家賃支払い」も、課税・非課税で悩む論点の1つです。

たとえば、マンションを賃貸借する場合、事務所として借りれば課税、社宅として借りれば非課税です。「基本は課税、例外として社宅は非課税」と覚えましょう。

(3) 土地建物

「土地」取引も悩みどころかもしれません。土地の売買は非課税ですが、駐車場のような賃貸借は、役務（サービス）提供を受けているので課税取引です。

課税・非課税・不課税・免税の区別に注意！

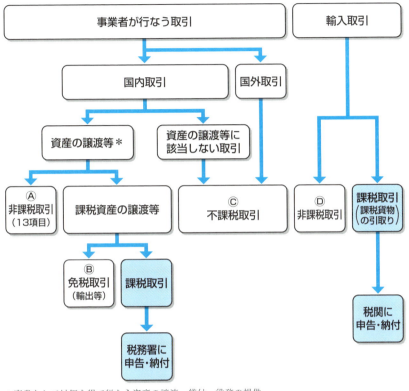

＊事業として対価を得て行なう資産の譲渡・貸付・役務の提供

Ⓐ国内取引の非課税取引
政策的に課税していない取引（13項目）
① 土地等
② 有価証券等
③ 利子・保険料等
④ 切手・商品券
⑤ 国・自治体の手数料等
⑥ 医療費等
⑦ 介護サービス等
⑧ 助産資産の譲渡等
⑨ 墓地等
⑩ 身障者使用物品等
⑪ 学校の授業料等
⑫ 教科用図書
⑬ 居住用住宅の貸付

Ⓑ免税取引
① 典型的な輸出取引
② 国内と国外間の通信・郵便・信書便
③ 非居住者に対する工業権、工業所有権、著作権、営業権等の無体財産権の譲渡又は貸付
④ 非居住者に対する役務の提供（例外あり）

Ⓒ不課税取引
① 保険金、共済金（保険事故の発生に伴う収入は対価性がないため）
② 寄附金、祝金、見舞金（対価性がないため）

Ⓓ輸入取引の非課税取引
① 有価証券
② 切手等
③ 身障者用物品
④ 教科用図書

64 印紙税の取扱いと罰則規定

 会社が扱う書類のなかに、課税される文書が20種類ある。

印紙税の課税対象となる文書

会社が扱う書類には、印紙税が課される課税文書があります。内容は印紙税法によるもので、20種類の文書が規定されています（次ページ表）。

表内の文書と同一名称でなくても実質的に同じであれば、課税文書に該当する場合もあります。後述しますが、印紙税法の罰則は意外と厳しいので、判断に迷ったときは税務署等に問い合わせてみましょう。

納税方法は、印紙税額に相当する金額の印紙を貼り付けて消印をすることにより納付するのが原則です。

印紙税を適正納付しないと最大３倍のペナルティ

課税文書に印紙が貼ってない場合、また印紙を貼っても消印が正しく行なわれていない場合は罰則規定があります。

「知らなかった」「忘れてしまった」は通用せず、形式面だけで判断されるため、納付しなかった場合は、本来の印紙税額の３倍（収入印紙を貼っていないことを自主的に申し出たときは1.1倍）の過怠税が課されます。

しかも、過怠税は全額損金不算入で、税務上、経費になりません。

「とりあえず印紙を貼っておく」というのもダメです。所定の方法で消印をしない場合、消印しなかった印紙税額と同額の過怠税が課されます。

消印の仕方ですが、認印や署名はＯＫですが、斜線・鉛筆消しは認められていません

また、印紙は定期的にデザインが変更になります。古い契約書に真新しい印紙が貼付されているような場合も、「後から貼り付けた」とみなされ、過怠税の対象となります。

> **ワンポイント 印紙税の還付**
>
> 印紙税を納付する必要がない文書に誤って印紙を貼る、あるいは、過大な印紙税額の印紙を文書に貼るなどして印紙税を納付した場合は、印紙税の過誤納として、一定の手続きをすることで印紙税は還付されます。たとえば、領収書に印紙を貼付したものの、領収金額が予定と異なり、領収書の差替えが必要になった場合は、過誤納となった状態の文書を所轄税務署に持参しましょう。

印紙税額一覧表

番号	文書の種類
1	1　不動産、鉱業権、無体財産権、船舶若しくは航空機又は営業の譲渡に関する契約書 2　地上権又は土地の賃借権の設定又は譲渡に関する契約書 3　消費貸借に関する契約書 4　運送に関する契約書
2	請負に関する契約書
3	約束手形、為替手形
4	株券、出資証券若しくは社債券又は投資信託、貸付信託、特定目的信託若しくは受益証券発行信託の受益証券
5	合併契約書又は吸収分割契約書若しくは新設分割計画書
6	定款
7	継続的取引の基本となる契約書
8	預金証書、貯金証書
9	貨物引換証、倉庫証券、船荷証券
10	保険証券
11	信用状
12	信託行為に関する契約書
13	債務の保証に関する契約書
14	金銭又は有価証券の寄託に関する契約書
15	債権譲渡又は債務引受けに関する契約書
16	配当金領収証、配当金振込通知書
17	1　売上代金に係る金銭又は有価証券の受取書 2　売上代金以外の金銭又は有価証券の受取書
18	預金通帳、貯金通帳、信託通帳、掛金通帳、保険料通帳
19	消費貸借通帳、請負通帳、有価証券の預り通帳、金銭の受取通帳などの通帳
20	判取帳

収入印紙の貼り方の例

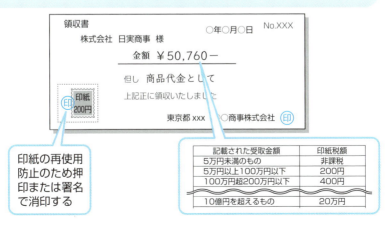

印紙の再使用防止のため押印または署名で消印する

記載された受取金額	印紙税額
5万円未満のもの	非課税
5万円以上100万円以下	200円
100万円超200万円以下	400円
10億円を超えるもの	20万円

65 所得税の源泉徴収と対象となる所得の範囲

 給与のほか、個人への報酬や利子・配当等の支払いにも源泉徴収を。

源泉徴収した所得税は「預り金」なので納付義務がある

　源泉徴収とは、特定の所得を支払ったときに、支払者が税金（**所得税**）を徴収して納付することです。

　給与支払いのほか、顧問税理士等といった個人への報酬の支払い、利子・配当の支払い等にも所得税の源泉徴収が必要です。

　給与であれば、会社が従業員に支払う給与所得から所得税を預かり（**天引き**）、預かった所得税を、従業員に代わって会社が税務署（国）に納税します。そして、**年末調整**（項目68参照）することで、本来各人が申告・納税しなければならない手間を会社が代行します。

　源泉徴収税額は、給与であれば、国税庁が公表している**給与所得の源泉徴収税額表**をもとに算出します。

　なお、源泉徴収した所得税は、会社から見れば**預り金**で、その会社には**納付義務**があります。このような源泉所得税を徴収して納付義務のある者のことを**源泉徴収義務者**といいます。

小規模事業者は特例納付も利用できる

　納付は、原則、源泉徴収の対象となる所得を支払った月の**翌月10日**までに行ないます（10日が土曜、日曜、祝祭日の場合はその翌日）。

　ただし、小規模事業者で要件（給与等の支給人員が常時10人未満、税務署の承認等）に合致すれば、1月から6月までの分を7月10日、7月から12月までの分を翌年1月20日までに納付すればよいという**特例納付**も利用できます。

　源泉徴収の対象となる所得の範囲や税額計算などの詳細は国税庁のウェブサイトで確認するとよいでしょう（https://www.nta.go.jp/index.htm）。

> **ワンポイント　復興特別所得税**
> 平成25年1月1日から平成49年12月31日までの間に生じる所得税の源泉徴収の対象とされている所得については、東日本大震災の復興を目的とした「復興特別所得税」を所得税とともに徴収し、納付します。

報酬・料金等の源泉徴収税額の計算方法

報酬・料金等の区分	源泉徴収税額の計算方法
原稿料、講演料、デザイン料、著作権等の使用料	報酬額×10.21% 例：100万円超の場合 (報酬額－100万円)×20.42% ＋102,100円
弁護士、公認会計士、税理士などへの報酬・料金	
司法書士への報酬	(報酬額－1万円)×10.21%
外交員、集金人などへの報酬・料金	(報酬額－12万円)×10.21% ＊月額当り12万円を控除
事業の広告宣伝のための賞金	(賞金額－50万円)×10.21% (物品で支払う場合、物品を処分見込価額で評価する。たとえば、その物品の通常の販売価額の60％相当額を賞金等の額とする)

小規模事業者の「特例納付」

区　　分	納付期限
1～6月までの間に源泉徴収した所得税・復興特別所得税	7月10日
7～12月までの間に源泉徴収した所得税・復興特別所得税	翌年1月20日

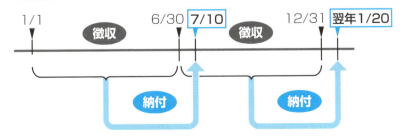

66 給与計算のしくみと源泉徴収方法

 給与計算での所得税、住民税、社会保険料、労働保険料のポイント。

給与計算の流れを理解しよう

まず、給与計算の締日までに人事情報を収集します。昇給・昇格等の有無や結婚・出産等の事実から配偶者・扶養親族の人数を把握し、給与計算に反映するためです。扶養親族等に変更がある場合、給与所得者の扶養控除等（異動）申告書を役員や従業員等に提出してもらいます。

また、タイムレコーダーや業務日報などをもとに、残業時間や欠勤、有給休暇の消化等の勤怠情報を、給与支給の大体10日前まで（事例では翌月15日前後）に収集します。

これらをもとに、給与計算を行ないます。

給与は、基本給のほか諸手当も含めた額から、所得税、住民税、社会保険料（健康保険料・介護保険料・厚生年金保険料など）を差し引いた額が、各人に毎月支給されます。

この支給計算過程で、給与所得の源泉徴収税額表により、所得税額の計

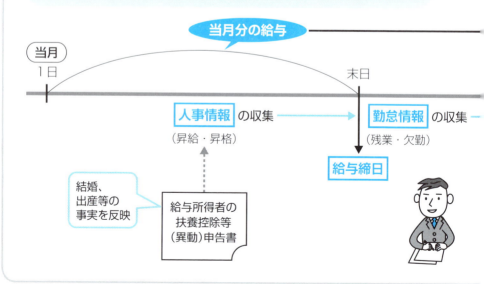

当月末締め、翌月25日支払いの給与計算の例

算を行ないます。

税額表には「月額表」と「日額表」の2種類があり、正社員のように毎月給与を支払う場合は月額表、日雇い労働者のように毎日給与を支払う場合や中途入社で日割計算する場合などは日額表で所得税額を計算します。

この所得税額を給与所得、退職所得等の所得税徴収高計算書に必要事項とともに記載し、金融機関で給与支給の翌月10日までに納付します。なお、こうした税金等を納付するための書類を納付書といいます。

住民税の手続きも必要です。毎年1月末までに従業員等の住所地の市町村に給与支払報告書を提出、住民税の納付書が送付されますので、この納付書で給与支給翌月10日までに納付します。

社会保険料は、各保険の保険料を決定するため、入社時「資格取得時決定」、7月10日までに「定時決定」、2等級以上の大幅な固定的給与の変動がある場合「随時改定」を行ない、年金事務所等から郵送される保険料納入告知書により毎月末納付します。

労働保険料（社会保険の1つで、雇用保険料と労災保険料からなり、雇用保険料はその一部を従業員が負担しますが、労災保険料は会社が全額負担するので、給与から差し引かない）は、原則3期（7・10・1月）に分けて納付し、会社負担分は法定福利費として経理します。

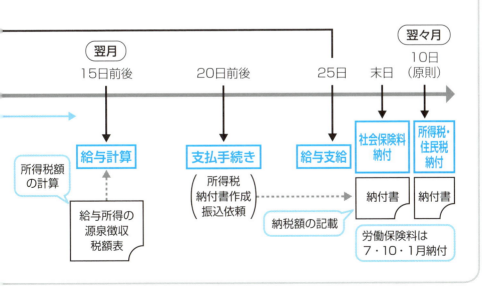

給与所得の源泉徴収税額の求め方

本社東京都内。年齢41歳男性の例

一般的な月給での源泉徴収税額

扶養親族は2人（妻と子ども1人）
① その月の月給総額　　210,000円
② うち通勤費　　　　　10,000円（非課税所得）
③ 控除した健康保険料と
　　厚生年金保険料　　　32,716円←標準報酬月額保険料額表から（次ページ参照）
④ 控除した住民税　　　　3,500円←住民税納税通知書　から

所得金額の算定

① 210,000 − ② 10,000 − ③ 32,716 − ⑥ 630 ＝ 166,654円

雇用保険料額の算定

210,000 × 雇用保険料率 $\frac{3}{1000}$ ＝ 630円 ⑥
（一般の事業の率）

月額表の甲欄からの所得税額

165,000〜167,000円の欄の扶養親族2人の欄の所得税額　320円 ⑤

給与所得の源泉徴収税額表

その月の社会保険料等控除後の給与等の金額		甲							乙
		扶 養 親 族 等 の 数							
以 上	未 満	0人	1人	2人	3人	4人	5人	6人	7人	税 額
		税						額	
円	円	円	円	円	円	円	円	円	円	円
163,000	165,000	3,480	1,860	250	0	0	0	0	0	10,800
165,000	167,000	3,550	1,930	320	0	0	0	0	0	11,100
167,000	169,000	3,620	2,000	390	0	0	0	0	0	11,400
169,000	171,000	3,700	2,070	460	0	0	0	0	0	11,700
171,000	173,000	3,770	2,140	530	0	0	0	0	0	12,000
173,000	175,000	3,840	2,220	600	0	0	0	0	0	12,400
175,000	177,000	3,910	2,290	670	0	0	0	0	0	12,700
177,000	179,000	3,980	2,350	750	0	0	0	0	0	13,200
179,000	181,000	4,050	2,430	820	0	0	0	0	0	13,900

手取額の算出

① 210,000 −（③ 32,716円 ＋ ⑥ 630円 ＋ ④ 3,500円 ＋ ⑤ 320円）
　支給総額　　　　社会保険料　　　雇用保険料　　住民税　　　所得税
　＝ 172,834円
　　手取額

＊ここでは計算の仕組みを理解してもらう趣旨で事例を記載しています。源泉徴収税額表および健康保険・厚生年金保険の保険料額表は、国税庁や協会けんぽ等のホームページで最新の情報を確認のうえ計算してください。

社会保険料の算出方法の例

健康保険・厚生年金保険の保険料額表

(単位：円)

標準月額		報酬月額	全国健康保険協会管掌健康保険料				厚生年金保険料（厚生年金基金加入員を除く）	
			介護保険第2号被保険者に該当しない場合		介護保険第2号被保険者に該当する場合		一般の被保険者	
			9.91%		11.56%		18.182%※	
等級	月額		全額	折半額	全額	折半額	全額	折半額
		円以上　円未満						
16(13)	190,000	185,000 〜 195,000	18,829.0	9,414.5	21,964.0	10,982.0	34,545.80	17,272.90
17(14)	200,000	195,000 〜 210,000	19,820.0	9,910.0	23,120.0	11,560.0	36,364.00	18,182.00
18(15)	220,000	210,000 〜 230,000	21,802.0	10,901.0	25,432.0	12,716.0	40,000.40	20,000.20
19(16)	240,000	230,000 〜 250,000	23,784.0	11,892.0	27,744.0	13,872.0	43,636.80	21,818.40

給与天引き額（給与支給時に差し引く金額）
- 健康保険＋介護保険　12,716円
- 厚生年金　　　　　　20,000円
- 合計　　　　　　　　32,716円

折半額を天引き

端数処理
50銭以下は切り捨て
50銭超は1円に切り上げ

社会保険関係の手続き

社員が入社したら	健康保険・厚生年金資格取得手続き（5日以内）
	雇用保険資格取得手続き（翌月10日まで）
社員が退職したら	健康保険・厚生年金資格喪失手続き（5日以内）
	雇用保険資格喪失手続き（10日以内）
賞与を支給したら	賞与支払届（5日以内）
給与を改定したら	月額変更届の提出（改定月より3か月間をみて該当を確認、4か月後に提出）
	社会保険料控除額の変更（該当したら改定月から5か月後）

Lesson 6　最低限知っておきたい「税務」

67 退職金の源泉徴収と会計処理

 退職金は税制等の優遇措置がある点に留意しよう。

退職金は支給方法等により取扱いが異なる

退職金は、就業規則等の退職金支給に関する規定に基づき、一時金、年金、これらの併用により支給されるので、社内規定を確認してください。

この支給方式や退職原因の違いから、次ページ表のように所得税の取扱いが異なります。

退職者本人から退職所得の受給に関する申告書をもらい、税額計算後、源泉徴収税額を納付、退職者に退職所得の源泉徴収票を交付します。

なお、退職金からは社会保険料と雇用保険料は徴収しません。

退職給付会計の取扱いは単体と連結で異なる

「豆を数える人」で終わらないためには、退職給付会計の知識をもち合わせておく必要もあります。

というのも、退職給付会計は将来の退職給付見込額といった会計上の見積りの要素を多く含むため、ちょっとしたことで損益が大きくブレることもあるからです。ここでは、基本的なポイントを押さえましょう。

そもそも、退職給付会計は、連結と個別で取扱いが異なります。

グループの経営状態を示す連結財務諸表では、従業員の将来の退職に備えて積み立てる退職給付債務から、実際に積み立てている年金資産を控除した額を退職給付に係る負債として計上します。

一方、個別財務諸表では、これら退職給付債務から年金資産を控除した額に、経理処理されていない未認識(オフバランス)の将来支払うべき退職金の見積計算における数理計算上の差異と、退職金規定等の改定にともなう差額としての過去勤務費用を加減した額が退職給付引当金として計上されます。

こうした、「数理計算上の差異」「過去勤務費用」は個別財務諸表上、発生年度にすべて費用処理しなくてもよいことになっているため、未認識部分（B/SやP/Lで処理されずに残っている金額）が生じる点で連結との取扱いが異なっていることに留意してください。

いずれにしても、連結では「退職給付に係る負債」、個別では「退職給付引当金」という勘定科目名の違いがあることを押さえておきましょう。

退職金に関する所得税の取扱い

退職金の種類		所得区分	所得控除額
老齢年金	一時金	退職所得	**勤続20年以下** 40万円×勤続年数 （80万円に満たない場合、80万円）
			勤続20年超 800万円＋70万円×（勤続年数－20年）
			障害が原因で退職する場合 所得控除額＋100万円
	【事例】勤続年数30年、退職金1,800万円 **退職所得控除額** 　　　　　＝800万円＋70万円×（30年－20年） 　　　　　＝1,500万円 **課税退職所得金額**＝（退職金額－退職所得控除額）×1/2 　　　　　　　　　＝（1,800万円－1,500万円）×1/2＝150万円 この課税対象額をもとに、「退職所得の源泉徴収税額の速算表」に当てはめて源泉徴収税額を算出する $\left(\begin{array}{c}\text{課税退職}\\\text{所得金額}\\\text{150万円}\end{array} \times \begin{array}{c}\text{所得}\\\text{税率}\\\text{5\%}\end{array} - \begin{array}{c}\text{控除額}\\\\\text{0円}\end{array}\right) \times 102.1\% = \begin{array}{c}\text{退職所得の源泉徴収税額}\\\text{（所得税及び復興特別所得税）}\\\text{76,000円（千円未満切捨）}\end{array}$		
	年金	雑所得	公的年金等控除
障害給付	所得税と住民税は「非課税」		
死亡一時金	所得税と住民税は「非課税」 ただし、相続税法上の「みなし相続財産」とされる		

ワンポイント　高年齢雇用継続給付

厚生労働省は、受給要件（①60歳以上65歳未満の一般被保険者、②被保険者であった期間が5年以上、③原則として60歳時点と比較して、60歳以後の賃金（みなし賃金を含む）が60歳時点の75％未満）を満たす在職者に「高年齢雇用継続給付」を支給します。支給申請等の手続きは事業主(会社)が行なわなければならないため、自社がこうした給付金を活用していない場合は上司に提案してみましょう。あなたに対する上司の評価が上がるかもしれません。詳細はハローワークに問い合わせてください。

68 年末調整のしくみと源泉徴収税額の過不足の精算

 概算で天引きした所得税は年末に実額精算する。

年末調整をしなければならない理由

毎月の給与（額面）から所得税が天引き（項目65）されますが、こうした会社等であらかじめ徴収される税金を源泉所得税といいます。

源泉所得税は、報酬や給与を受け取る役員や従業員が1年間、自社で働き続けることを前提に概算で額が計算されています。この概算で徴収されている所得税を、12月に実額精算する手続きが年末調整（略して年調）です。

本来であれば、1〜12月分の1年間を対象に、従業員等がそれぞれ自分たちの所得を計算し、確定し、申告する、いわゆる確定申告を行なう必要があります。こうした手間を省き、会社等で申告を済ませてしまおう、というのが年末調整です。

なお、(1)年間所得2千万円超の人、(2)複数の所得がある人、(3)中途退職で年末調整を受けなかった人は、会社が申告せず、各自で確定申告をしてもらいます。そのほか、医療費を一定額以上支払った場合に税金が還付される医療費控除も、個人で確定申告をしなければなりません。

ポイントは「資料のチェック」と「ミスのない入力作業」

年末調整にあたり、給与計算システムを使うときのポイントは「年調資料の入手・確認」と「ミスのない入力作業」です。

年末調整では次の3つの資料が必要になります。

- ❶給与所得者の扶養控除等(異動)申告書
- ❷給与所得者の保険料控除申告書兼給与所得者の配偶者特別控除申告書
- ❸給与所得者の住宅借入金等特別控除申告書

これらを従業員等から入手し、記載内容に誤りがないかを確認することが、年末調整を正しく行なうための第一歩です。

資料を入手したら、その記載データに基づき給与計算システムに入力します。(a)結婚や死別等による扶養親族の増減の有無、(b)生命保険料や損害保険料等の支払実績、(c)住宅借入金の有無に留意しつつ、ミスのないようにデータ入力してください。

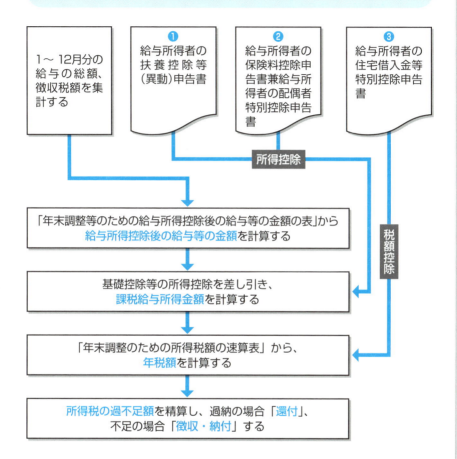

年末調整のフロー図

年末調整では次の3つの資料が必要

❶扶養控除等(異動)申告書	扶養親族の数などを記入
❷保険料控除申告書兼給与所得者の配偶者特別控除申告書	控除対象配偶者がいる場合、その配偶者の収入等や個人で支払った保険料の種類や金額などを記入
❸住宅借入金等特別控除申告書	住宅ローン控除の適用を受ける場合、住宅ローン残高などを記入

69 法人税の課税のしくみと計算手順の概略

 決算の最終段階で処理する基本的な法人税のしくみを理解しよう。

「収益≠益金」「費用≠損金」だから悩ましい！

　税務申告書を作成するための法人税法上の原則が**確定決算主義**。決算後に行なわれる**株主総会**で承認された（＝確定した）決算書に基づき、税務申告書を作成しなければなりません。

　ところが、会計と税務は必ずしも一致せず、**申告調整**が必要になります。売上高のような「収益」が、すべて税務上の収益（＝益金）になるわけではないのです。

　受取配当金のように、一部は❶**益金不算入**となります。また、会社更生計画による評価益（経営困難の会社が事業更生目的による債務免除を受けたことで生じる益金）のような「会計上は収益ではないもの」が❷**益金算入**とされることもあります。

　貸倒引当金という売掛金等の回収不能見積額は、税務上「損金」となる要件が決められていて、会計上は「費用・損失」でも、税務上は❸**損金不算入**となる場合があります。

　一方、災害等で生じた損失のように、会計上は当期の「費用・損失」ではなくても、❹**損金算入**できる**繰越欠損金**（翌期以降に繰り越せる欠損金）のような申告調整項目もあります。

　こうした申告調整項目を、P/L（損益計算書）の当期純利益に、❷益金算入と❸損金不算入を**加算**し、❶益金不算入と❹損金算入を**減算**して**課税所得金額**を算出、これに「税率」を掛け合わせることで、「法人税、住民税及び事業税」を計算します。

ワンポイント　申告期限の延長の特例の申請 （次ページ上図）

法人税の申告書の提出期限は原則として決算日後から2か月以内となっていますが、「申告期限の延長の特例の申請」という手続きをすることで法人税の申告期限を1か月延長することができます。上場企業などでは会計監査人による会計監査の期間が1か月程度必要なので、3月決算であっても6月に法人税の申告が行なわれる会社が多いのは、この特例を活用しているためです（ただし、申告期限を適法に延長した場合であっても、延長した納税額については利子税が課されます）。

申告納税までのフロー（3月決算企業の場合）

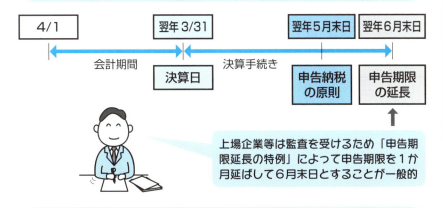

「収入・支出」「収益・費用」「益金・損金」の関係図

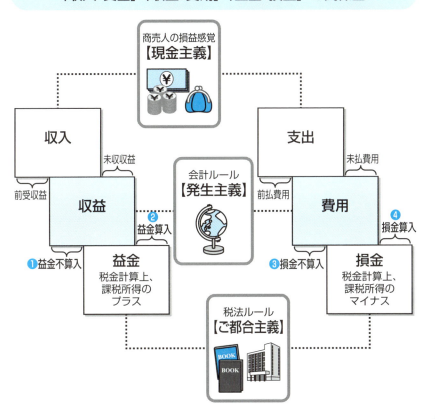

70 交際費と隣接費用の違いを理解しよう

 接待や贈答などの費用は損金とならないこともある。

交際費の経理処理は厄介

販路拡大や取引円滑には「よろしくお願いします」の気持ちを込めた接待も必要で、会計上はこうした支出を**交際費**として経理処理します。

一方税務は、「交際費なんて無駄遣いだ」と損金経理に歯止めをかけます。会社の規模で、損金算入額は異なります（次ページ上表）。

しかも、勘定科目が「交際費」の支出だけが、税務上の交際費ではありません。広告宣伝費・福利厚生費・寄附金など他の**隣接費用**との区分も厄介です（次ページ下図）。

「損金算入される」と思って経理処理したものの、税務調査等で「損金不算入の交際費」と認定されれば、その分課税され、過怠税等の罰金を払うことになるので留意が必要です。

飲食費を損金算入できるかは経理担当者の腕次第

交際費の代表である**飲食費**は、取扱いが複雑なので要注意です。

飲食の支出は、どんな会社でも、1人当り**5千円**までは全額損金算入可能です。ただ、このルールの適用は、❶飲食等の年月日、❷飲食額、❸飲食店等の名称、❹飲食店等の所在地、❺参加者の氏名、❻参加者との関係、❼参加人数、❽その他参考となるべき事項、を記載した書類を保存する必要があります。飲食費の損金算入は、経理担当者の腕次第なのです。

実務的には、飲食店で領収書をもらうときと、この領収書で経理処理するときの2局面で留意が必要です。経理担当者は、営業担当者等に「経理処理上、こういう領収書が必要です」と指導することも仕事の1つです。

飲食店では、❸店名・❹住所の入った領収書に、❶日付、❷金額、❸宛名、❽摘要欄に支出内容（飲食代等）を記載してもらう必要があります。

この領収書で交際費の損金算入ルールに合致するよう経理処理するには、❺参加者の氏名と❻参加者との関係、❼参加人数を「当社○○部から甲部長、乙主任、得意先□□からＡ部長、Ｂ課長、Ｃ課長補佐、合計5名」のように記載し、領収書に❶～❽の不備がないか確かめる必要があります。そして、領収金額÷参加人数≦5千円ならば、損金算入可能となります。

交際費の損金算入ルール

会社の規模	資本金1億円以下の中小法人（資本金の額が5億円以上の法人の100％子法人等を除く）	資本金1億円超
交際費支出の損金算入	支出額のうち800万円まで損金算入	損金不算入（以下を除く）
（特例）飲食費の支出	「接待飲食費×50％」損金算入	
	1人当り5千円以下の飲食費（社内飲食費を除く）は交際費に該当しないこととされており、損金算入	

交際費・隣接費用の判定チャート

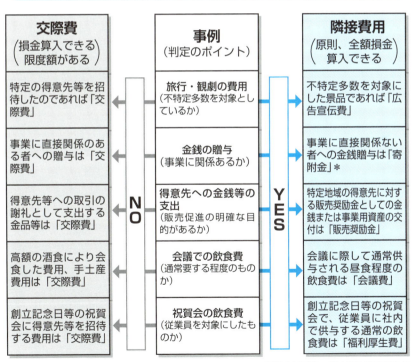

＊寄附金は別途、損金算入限度額あり

71 貸倒損失と貸倒引当金という貸し倒れの取扱い

 貸し倒れ前はB/Sに引当計上、後はP/Lに損失計上。

貸し倒れの基本を理解しよう

受取手形や売掛金などが回収できずに、貸倒損失になることもあります。この回収不能額をあらかじめ見積計上しようというのが貸倒引当金です。

貸倒損失とその見積額である貸倒引当金の論点は、判断そのものは上級論点ですが、新任経理担当者として基本的な知識は身につけておきましょう。会計上は損失計上しても、税務では貸倒損失として損金算入できる場合が限定され、申告調整が必要になる点は理解しておいてください。

貸倒引当金は、確実な回収額を「評価」するもの

将来の貸倒れという損失に備えるのが貸倒引当金です。受取手形や売掛金、貸付金といった売掛債権等の回収不能となりそうな金額を見積り、貸借対照表の資産の部に控除する形式で「貸倒引当金」を表示し、確実に回収できる金額を評価することから評価性引当金といわれもします。

一方、退職金の支払いに備え計上する退職給付引当金のように、将来の支出に備えた引当金は負債性引当金といいます。

なお、税務上、会社更生法や民事再生法の適用を受けるいわゆる倒産した会社に対する回収困難な金銭債権は個別評価され、回収可能と認められる部分を除いた金額等が貸倒引当金となります。それ以外は一括評価となり、過去3年間の平均貸倒実績率（中小企業は法定繰入率も選択可）を対象債権額に掛け合わせた金額が貸倒引当金となります。

こうした税務の取扱いは、すべての会社に共通です。

一方、上場企業等と中小企業では、会計上の取扱いが異なることもあります。上場企業等の場合、受取手形や売掛金、貸付金その他の債権の貸借対照表価額は、取得価額から貸倒見積高（次ページ下表）に基づいて算定された貸倒引当金を控除した金額とすることが金融商品に関する会計基準に定められています（中小企業も原則同様とする一方、税務上の繰入限度額とすることも可）。

この貸倒見積高の算定にあたっては、得意先等の債務者の経営状態等を踏まえ、債権を3区分し、貸倒見積額を計算します。

税務上「貸倒損失」として損金算入できるもの

事　例	損金算入可能時	損金算入額
会社更生法や民事再生法の計画認可の決定等書面による債務免除	その事実の発生した日の属する事業年度	法的に債権が消滅した切捨部分の金額
債務者の資産状況等を勘案し全額回収不能と認められる場合	回収できないことが明らかとなった事業年度	全額
継続取引停止後、1年以上経過の売掛債権回収費用よりも少額な、同一地域の債務者に対する売掛債権	取引停止後原則として1年以上経過した以後督促したにもかかわらず弁済がないとき	売掛債権額から備忘価額（1円）を控除した金額

「貸倒引当金」の設定＝貸倒見積額の算定方法

分　類	定　義	貸倒見積高の算定法
一般債権	経営状態に重大な問題が生じていない債務者に対する債権	過去3年間の「貸倒実績率」
貸倒懸念債権	経営破綻の状態には至っていないが、債務の弁済に重大な問題が生じているか又は生じる可能性の高い債務者に対する債権	いずれかの方法による ①以下の「財務内容評価法」*に債務者の経営状況を考慮 ②債権の元本の回収及び利息の受取りに係るキャッシュ・フローを合理的に見積る「キャッシュ・フロー見積法」
破産更生債権等	経営破綻または実質的に経営破綻に陥っている債務者に対する債権	債権額から担保の処分見込額及び保証による回収見込額を減額し、その残額を貸倒見積高とする「財務内容評価法」*

72 税務調査の種類と当日の心構え

 税務調査時の基本的な対処法を理解しておこう。

マルサだけが税務調査ではない

税務行政には、広報・相談・指導・調査という4つの柱があります。

このうち税務調査とは、申告が適正か、税務署等がチェックするしくみです。日本映画「マルサの女」で脚光を浴びた強制調査はその1つ。マルサとは、国税局査察部のことです。この強制調査は、よほどのことがなければありません。

通常は任意調査がほとんどです。お尋ねと呼ばれる手紙のやり取りで済む呼出調査の場合もあれば、3年に1回程度、定期的に税務職員が調査官として会社に来訪する一般調査という場合もあります。

取引の裏づけをとるため、得意先や仕入先に反面調査が実施されることもあります。

税務調査に対する新任経理の心構え

税務調査の結果、申告所得に誤りがあることを税務否認といいます。

税務当局の調査で指摘を受け、この税務否認を、会社が「ごめんなさい。誤りでした」と素直に応じる場合（これを修正申告といいます）もあれば、会社の意向とは無関係に税務当局が一方的に処分をする場合（これを更正・決定といいます）もあります。

税務当局が一方的に更正・決定する場合、処分不服の異議申立てができますが、修正申告ではこうしたことはできません。

いずれにおいても、税務否認されれば、元の申告額との差額を納税するほか加算税や延滞税というペナルティを別途納付しなければなりません。会社にとって、本来払わなくてもよいペナルティを課されることほどイヤなことはありません。

とはいえ、税務調査の局面で新任経理にできることは限られています。日頃から6S（整理・整頓・清掃・清潔・しつけ・作法）を徹底し、ペナルティが発生しないように心がけるという点です。

基本に忠実ならば、たとえ税務調査が入ったとしても、あわてる必要はありません。

税務調査の種類

- **任意調査**
  - 準備調査(署内選別)
  - 実地調査
- **強制調査**(マルサ)

実地調査:
- 呼出調査(「お尋ね」)
- 一般調査(帳簿調査を中心)
- 現況調査(抜き打ち)
- 反面調査(金融機関での裏づけは「銀行調査」)
- 特別調査(一般調査では不十分なとき)

いざ、税務調査となったときの留意点

①事前通知の受入れにあたり関係者と日程を調整	税務調査は「任意調査」が基本。都合が悪ければ、調査予定日の変更を申し出ることも可能。顧問税理士や担当役員への連絡も忘れずに行なう
②事前準備は抜かりなく	「いつから税務調査があります」という社内連絡も必要。税務調査をスムーズに進めるため、調査官向けに、会社概要、帳簿書類、証憑資料、システム図などを事前準備しておくとよい
③「ご指導を受ける」という態度で	警察官が「こういう者です」と見せる警察手帳と同様に、調査官も身分証明書を持っているので、提示を求めるようにする また、相互に信頼関係を築けるよう努力することも、税務調査をスムーズに進めるために欠かせない(調査官も人の子です)
④調査官からの質問は即答厳禁	即答は誤りのもと。新任担当は「上司に相談します」といったん回答を保留する。刺激的な言動も厳禁
⑤調査の過程は必ずメモ	調査官の指摘事項は、最後まで辛抱強く聞くようにする。指摘内容が事実と違う場合は、テキパキと主張を。その際、証憑を提示し、事実関係のみを主張し、法律論争しないことも大切

営業活動にもいろいろな税務論点がある

売上を上げるには営業活動も欠かせません。これに付随し、受注前・受注時・受注後の3段階でいろいろな税務論点があります。経費として支出したにもかかわらず、損金とならずに、余分な税金を支払わねばならないことがある点を、まずは知っておきましょう。

営業活動の法人税法上の論点

営業活動	税務論点	税務上の取扱いの違い
受注前	情報提供料の支払い	契約がなければ交際費の可能性
	広告宣伝目的でプレゼントする旅行・観劇の費用	一般消費者向けならば広告宣伝費、特定得意先向けは、交際費の可能性
受注時	売上割戻金・販売奨励金の支出	売上高等に比例し支出する等、支払基準を社内規定や稟議書等で明確にしておかないと交際費の可能性
	使途秘匿金の支出	名称等を明かせない相手先に受注の見返りを支出すると「使途秘匿金」として自ら損金不算入で「自己否認」
受注後	引渡しのあった日	商品・製品等の売上は、「引渡しのあった日」に計上しなければならない。販売代金が未確定の場合、決算日の現況で適正に見積もる。その後確定した代金との差額は、その確定した日の属する事業年度の損益となる
	債権の貸倒れ	売掛金等の債権回収が滞れば、貸倒引当金を計上。債権が回収不能ならば、貸倒損失を計上。損金経理できる税務上の要件が法定されている

Lesson 7

計数管理に欠かせない Excel の基礎知識

「計数管理」とは、計算して得られる数値を経営管理に役立てること。新任経理担当者は、この計数管理の一端を担うことになります。計数管理を効果的、効率的に行なうには、Excelを中心とするITスキルが欠かせません。ここでは、計数管理に役立つ基本的なExcelの活用術を紹介します。

計数管理に
Excelの知識は
必須です！

73 Excelで集計 SUM関数とSUMIF関数

数値データを集計する局面で必ず必要になるスキル。

単純合計は「Σ」をクリック！

Excelの「ホーム」タブの右側に「Σ」「オートSUM」というアイコン（ボタン）があります。

右に示したように、集計したいセルを選択して、その真下でこのアイコンをクリックすれば、「＝SUM(J5:J8)」のようにSUM関数が自動的に設定され、対象範囲が合計されます。ゆえに、オートSUMといいます。

ちなみに「Σ」「SUM」はいずれも「合計」という意味があります。

条件合致のデータだけ合計するSUMIF（サムイフ）関数

次ページ上のようなデータから「消耗品費」に計上された金額を合計したい場合、SUMIF関数が便利です。

＝SUMIF（範囲，検索条件，合計範囲）

上記算式の（ ）内を引数（ひきすう・いんすう）といいます。

SUMIFのような関数では、「数字を引っ張って」計算する条件設定（＝引数）が必要です。引数が複数ある場合、上記のように引数を「,（カンマ）」で区切ります。

SUMIF関数は、「範囲のなかから、もしも検索条件に該当するデータがあれば、合計範囲のなかでデータを集計する」という意味があります。条件に合ったものを集計したいとき、たとえば、消耗品費の合計を知りたい場合などはSUMIF関数が便利です。なおSUMIF関数は、次ページ下の囲みのように、3つの項目（引数）を設定する必要があります。

「消耗品費」と「雑費」をSUMIF関数で抽出

	A	B	C	D	E	F	G	H
1	経費データ(6月)							
2	日付	科目	部署	金額				
3	1	消耗品費	営業1部	5,850		消耗品費	26,803	
4	2	旅費交通費	営業2部	3,780				
5	3	会議費	経営企画部	6,040		=SUMIF(B3:B24,"消耗品費",D3:D24)		
6	6	雑費	営業1部	8,800				
7	7	旅費交通費	経理部	4,200				
8	8	消耗品費	経営企画部	9,800		雑費	29,606	
9	9	旅費交通費	営業2部	1,500				
10	10	雑費	経理部	1,580		=SUMIF($B$3:$B$24,B6,$D$3:$D$24)		
11	13	旅費交通費	営業1部	7,800				
12	14	会議費	営業2部	5,000				
13	15	水道光熱費	経営企画部	8,650				
14	16	旅費交通費	経理部	2,200				
15	17	雑費	営業2部	7,320				
16	20	消耗品費	営業1部	8,650				
17	21	諸会費	経営企画部	4,590				
18	22	通信費	営業2部	3,504				
19	23	雑費	経営企画部	2,256				
20	24	旅費交通費	営業1部	4,489				
21	27	雑費	営業2部	9,650				
22	28	消耗品費	経営企画部	2,503				
23	29	通信費	営業2部	4,520				
24	30	会議費	営業1部	7,856				
25				120,538				

SUMIF(サムイフ)関数

- 条件に合うデータを合計する
- SUMIF（❶B3:B24,❷"消耗品費",❸D3:D24）
  - ❶ 範囲 → 経費データの「科目」欄
  - ❷ 検索条件 → 「消耗品費」
    - (文字列を条件に指定するとき、""（ダブルコーテーション）でくくるのがポイント)
    - 検索条件に「消耗品費」を表わすセル（たとえばB3)をいれてもよい
  - ❸ 合計範囲 → 経費データの「金額」欄
- 絶対参照（$）をつけると、消耗品費以外の科目を集計したいとき、算式入力が簡単になる

　　消耗品費　→　SUMIF($B$3:$B$24,B3,$D$3:$D$24)
　　雑費　　　→　SUMIF($B$3:$B$24,B6,$D$3:$D$24)

74 Excelで判定 IF関数

 条件に応じて処理や表示を切り替えるIF関数。

IF関数と引数

IF関数は、条件に応じ処理や表示を切り替える関数です。たとえば、「消耗品費のうち、営業1部で計上した分」のような条件を満たすデータ等をIF関数を使うことで抽出できます。

IF関数では、「論理式」に指定した条件が成り立つときには「真の場合」、それ以外のときは「偽の場合」の値を表示する、というように使います。

> ＝IF（論理式，真の場合，偽の場合）

上記算式（　）内がIF関数の「引数」です。

IF関数は「もしも○○であれば□□と表示し、そうでなければ××と表示する」という関数です。つまり、条件に合っているか、IF関数で判定しているわけです。IF関数で「判定」すれば、条件を満たすデータを抽出できます。

=IF（❶B3="消耗品費",❷IF（❹C3="営業1部",❺"○",❻""）,❸""）

❶第1条件の「論理式」
　　→科目が「消耗品費」である。
❷第1条件が「真の場合」
　　→科目が「消耗品費」である場合を判定し、その処理を指定する。ここでは、❶で科目が「消耗品費」であるものを、さらに第2条件❹～❻でふるいに掛けている。
❸第1条件が「偽の場合」
　　→空欄にする（""（ダブルコーテーション）とすれば空欄となる）
❹第2条件の「論理式」
　　→部署が「営業1部」である。
❺第2条件が「真の場合」
　　→部署が「営業1部」である場合を判定し、「○」を表示させる。
❻第2条件が「偽の場合」
　　→空欄にする

セルE3に入力した数式

=IF(B3="消耗品費",IF(C3="営業1部","○",""),"")

別法（絶対参照と対象文字列のセル指定）
=IF(B3=$B$3,IF(C3=$C$3,"○",""),"")

- $B$3 → セルB3の「消耗品費」
- $C$3 → セルC3の「営業1部」を指定

	A	B	C	D	E
1	経費データ(6月)				
2	日付	科目	部署	金額	営業1部の消耗品費
3	1	消耗品費	営業1部	5,850	○
4	2	旅費交通費	営業2部	3,780	
5	3	会議費	経営企画部	6,040	
6	6	雑費	営業1部	8,800	
7	7	旅費交通費	経理部	4,200	
8	8	消耗品費	経営企画部	9,800	
9	9	旅費交通費	営業2部	1,500	
10	10	雑費	経理部	1,580	
11	13	旅費交通費	営業1部	7,800	
12	14	会議費	営業2部	5,000	
13	15	水道光熱費	経営企画部	8,650	
14	16	旅費交通費	経理部	2,200	
15	17	雑費	営業2部	7,320	
16	20	消耗品費	営業1部	8,650	○
17	21	諸会費	経営企画部	4,590	
18	22	通信費	営業2部	3,504	
19	23	雑費	経営企画部	2,256	
20	24	旅費交通費	営業1部	4,489	
21	27	雑費	営業2部	9,650	
22	28	消耗品費	経営企画部	2,503	
23	29	通信費	営業2部	4,520	

経費データ(6月)から営業1部の消耗品費を抽出し、「○」と表示する場合、IF関数を使い条件を絞っていけばよい

75 Excelで検索 ①VLOOKUP関数の基本

 VLOOKUP関数をマスターすると仕事の幅がグンと広がる！

VLOOKUP関数の「ブイルックアップ」ってなに？

経理担当者が日常業務をこなす際にとても役立つExcel機能の1つが、VLOOKUP（ブイルックアップ）関数というデータ検索の関数です。

次ページのように、B列に「得意先コード」はありますが、「得意先名」がない場合、VLOOKUP関数を用いれば、別のデータから該当データを探し出し、D列に「得意先名」を表示できるようになります。

通常、「得意先コード」と「得意先名」をひもづけた「得意先マスタ」のようなデータが存在します。これを使いVLOOKUP関数でひもづけます。

関数なので、次ページのように「検索値、範囲、列番号、検索方法」を「引数」として設定する必要があります。

VLOOKUP関数での引数設定上のポイントの詳細は次項76にゆずりますが、経理担当者が日常扱う財務データの場合、検索方法は〔FALSE（完全一致）〕とする必要がある、この一点です。こうすることで、検索値に完全に一致するデータのみを検索できるようになります。

VLOOKUP関数は利用価値の高い関数の1つです。

たとえば、棚卸資産管理などにも活用できます。期末に実地棚卸を行ないますが、現物には「商品コード」しかなく、商品有高帳では「商品名」しかない場合でも、「商品コード」と「商品名」の両方が載ったマスタデータは必ずあります。これを使い、VLOOKUP関数でデータをひもづければ、実地棚卸数量と帳簿棚卸数量を比較することで、差額として棚卸減耗損を計算できるようになります。

VLOOKUP関数実行時の「お約束」

VLOOKUP関数を適用するには、対象項目（ここでは「得意先コード」があるB列）を昇順で〔並べ替え〕し、連続データにする必要があります。この並べ替えはVLOOKUP関数実行時のお約束です（項目76参照）。

なお、並べ替えで元データがバラバラになってしまうので、元のシートをコピーするか、任意の列にあらかじめ連番を付すと元データを再現できて便利です。

VLOOKUP関数のしくみ

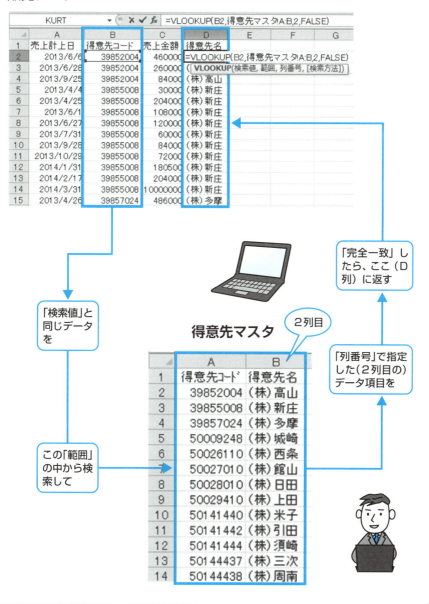

76 Excelで検索 ②VLOOKUP関数の引数

VLOOKUP関数は指定した範囲からデータ検索の設定＝引数が必要。

VLOOKUP関数の引数設定法

　VLOOKUP関数は引数（ひきすう・いんすう）を用いるので少々難解なところもありますが、これも慣れの問題です。

$$=VLOOKUP（検索値，範囲，列番号，〔検索方法〕）$$

　前項75の上図「販売データ」のセルD2に「得意先コード」から、VLOOKUP関数でひもづけ「得意先名」が表示できるようにするには、

VLOOKUP関数の「引数」の意味

- 「得意先コード」が記載された「検索値」セル（引数❶「B2」）を参照。
- これと同じものを「範囲」（引数❷「得意先マスタ!A:B」）として指定したデータ項目のなかから選び出します。事例では、項目75の右図の「得意先マスタ」のA、B列が「範囲」です。
- 引数❶「検索値」が突合するデータを、必ず引数❷「範囲」の一番左の列（ここでは「得意先マスタ」のA列）に設定しなければなりません。ここがポイントです。
  VLOOKUP関数は、「範囲」のなかから「検索値」と同じものを見つけ、「列番号」で指定された列（ここでは引数❸の「2」列目）のデータ項目を、"見つけ出したい項目"（「得意先マスタ」の左から2列目のB列）として返すからです。
  「範囲」は「検索値」と突合される列から1列目、右に進むにつれ2列目、3列目と数えます。したがって、「検索値」と突合される列よりも左のデータでは、"マイナス1列目"になってしまい、VLOOKUP関数で指定できないのです。
  "見つけ出したい項目"は、必ず「検索値」と突合される列を含む右側に「範囲」を設定する必要がある点に留意してください。
- 検索方法には〔近似一致（TRUE）〕と〔完全一致（FALSE）〕の2種類あります。今回は財務会計なので「完全一致」（引数❹「FALSE」）と設定します。

たとえばセルD2「＝VLOOKUP（❶B2, ❷得意先マスタ!A:B, ❸2, ❹FALSE）」のように、❶〜❹の4項目を「引数」として指定します。
　VLOOKUP関数は、大量のデータの中から同じものを見つけ出し、事例のように「得意先コード」から「得意先名」という具合に、違った名前に変換する場面等で威力を発揮する便利な機能です。

昇順で並べ替え、連続データにする

ワンポイント　Excelで並べ替え＆フィルター

VLOOKUP関数を使うには、あらかじめデータを並べ替え、連続データにする必要があります。このデータ並べ替えの方法は、2つの方法があります。どちらの方法でも〔並べ替え〕画面が出てきます。この画面で、ＡＢＣ……という順に並べ替えたければ「昇順」、ＺＹＸ……のように並べ替えたければ「降順」と指定すればよいだけです。
①〔ホーム〕タブ→〔編集〕→〔並べ替えとフィルター〕→〔ユーザ設定の並べ替え〕
②〔データ〕タブ→〔並べ替えとフィルター〕→〔並べ替え〕クリック
データの「昇順」による「並べ替え」は、様々な場面で利用しますので、覚えておくと便利です。

77 Excelのグラフ機能と数字の見せ方

 グラフ機能で数字をわかりやすく表現できるようになろう。

数字は「数字のまま」である必要はない！

「数字は苦手」という人の理解を手助けするのも経理の仕事の1つです。

昨今、次ページのような利益増減分析図で決算発表する会社が増えてきました。文章でダラダラと表現するよりも図示するほうがパッと一目で理解を促せます。こうした図表をつくるのもExcelは得意です。

次ページ❸では、数量・単価・円高という3つの要素で、X0年度からX1年度にかけての利益増減要因を分析しています。

まず、次ページ❶のセルA1～F4のように項目を入力。ポイントは、グラフを表示する部分としない部分に分けて入力するという点です。最終的に、❸のように、四角形が上がって下がるように表現するのが利益増減分析図。このように四角形を配置するには、数字を入力するものの「見せない」工夫が必要なのです。

具体的には、❶のセルA4「利益・増減部分（上）」のある4行目にグラフとして実際に見せたい数字を入力します。これらの数字がグラフとして上下に動いているように見せるため、セルA3「空白部分（下）」のある3行目に数字を入力しつつもグラフとして「見せない」工夫をします。

各セル項目を入力後、選択してから、〔挿入〕タブで〔棒線ー2D棒線ー積み上げ棒線〕をクリック。すると❷のような「空白部分（下）」と「利益・増減部分（上）」の2項目が積み上げられたグラフが表示されます。この基本形の「利益増減分析図」を加工します。

- グラフ上で右クリック、〔データ系列の書式設定〕をクリックし、〔系列のオプションー要素の間隔〕で「なし」「0%」にし、〔閉じる〕をクリックします。これで隣同士の棒グラフをくっつけて表示できます。
- 「空白部分（下）」の棒グラフは「見せない」必要があります。そこで、この部分を右クリック、先ほどと同様に〔データ系列の書式設定〕をクリックし、〔塗りつぶしー塗りつぶしなし〕をクリック。これで「利益・増減部分（上）」だけが表示されます。

グラフの色や目盛など適宜調整すれば、❸のようなわかりやすい利益増減分析図を作成できるようになります。

利益増減分析の図解の例

❶入力すべきデータ項目

	A	B	C	D	E	F
1		【利益増減要因】				
2		X0年度	数量	単価	円高	X1年度
3	空白部分（下）	0	100	250	150	0
4	利益・増減部分（上）	100	150	50	150	150

❷利益増減分析図の基本形となる「積み上げ棒線グラフ」

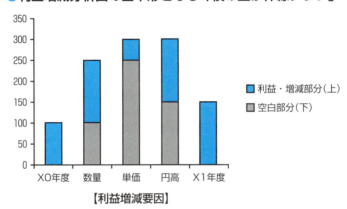

❸数量・単価・円高の3要因で示される「利益増減分析図」

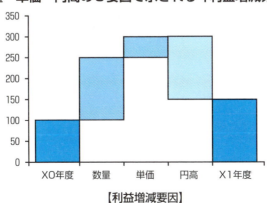

78 Excelでクロス集計 ①ピボットテーブルの概要

 データを様々な形に「スライス」してみよう。

ピボットテーブルは経理担当者必須のITスキル

ピボットテーブルは、2つの項目を縦横にとり、項目が交差する部分をクロス集計し、データをスライスします。ピボットとは「回転」のこと。資料作成や経営数字の報告などに役立つので、ぜひ活用してください。

これさえあれば、縦に並んでいるデータを横に並べ替えることなど朝飯前。いろいろな角度からデータをスライスしてみれば、同じデータが万華鏡のように多様な側面を表わし、経営数字等の実態をデータが語り出してくれるようになります。

たとえば、営業支援では、売上増減の要因分析や顧客ニーズの変化の状況把握などに活用できます。監査業務ではCAAT（Computer Assisted Audit Techniques、コンピュータ利用監査技法）で異常点を把握するために用いられています。

ピボットテーブルを使えば、金額合計だけではなく、データの個数や標準偏差なども集計でき、基本統計量も簡単に把握できます。様々なデータ分析を行なえるピボットテーブルは、経理担当者必須のITスキルです。

ここでは、sales.xlsxの「出荷データ」をピボットしています。次ページ❶にある〔挿入〕タブ→〔テーブル〕グループ→〔ピボットテーブル〕を選択すると、❷にある〔ピボットテーブルの作成〕画面が表示されます。対象データが正しく設定されているか確かめ、ピボットテーブルの作成場所を、新規または既存のワークシートのいずれか指定します。〔OK〕をクリックすると、❸のようなピボットテーブルが現われます。

ここまでのピボットテーブル作成作業ののち、〔ピボットテーブルのフィールドリスト〕の設定次第で、同じデータから様々な切り口を見ることができるようになります。

ワンポイント アドイン

アドインとは、スマホのアプリのようなもの。追加することでExcelをパワーアップできます。たとえば「分析ツール」というアドインを導入すれば「基本統計量」のようなデータを簡単に計算・表示できます。

ピボットテーブルの作成イメージ

ピボットで
データを
スライス

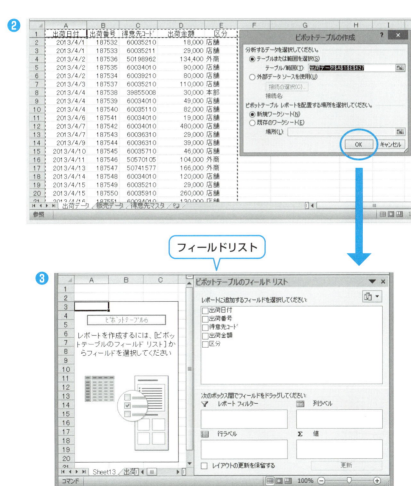

フィールドリスト

79 Excelでクロス集計　②フィールドリストの設定とドリルダウン

 ピボットテーブルの設定方法と活用方法を理解しよう。

データをスライスするということ

項目78の出荷データから「区分」ごとの「出荷金額」を集計し、セグメント別業績を表示したいと考えた場合、ピボットテーブルの〔行ラベル〕に「区分」、〔Σ値〕に「出荷金額」を、それぞれドラッグ＆ドロップします。

ドラッグ＆ドロップとは、〔フィールドリスト〕のなかにある項目、たとえば「区分」をクリックして選択後、左クリックしながらこの「区分」をつまんで〔行ラベル〕に放り込む作業をいいます。この作業に代えて〔ピボットテーブルのフィールドリスト〕で☑するという方法もあります。

ここで次ページ❶のセルB5を見ると、「区分」の「外商」という項目の合計値は「18,746,645」です。この内訳を見たければドリルダウン（データ集計の階層レベルを下げる分析手法）しましょう。

ダブルクリック（左クリックを2回続けて実施）することで集計されているデータを掘り下げてみる「ドリルダウン」機能により「18,746,645」の詳細データを❷のように表示できます。

ピボットテーブルはマウス操作だけ！

経理担当者が日常的に扱う仕訳データは、たとえば左から順に伝票番号・計上日・計上箇所・取引先名・借方科目・借方金額・貸方科目・貸方金額・摘要のように、横一行が1組の仕訳データとなっているのが普通です。

こうしたデータを、日付順や伝票番号順のみならず、計上箇所や取引先名のように様々な角度でスライス、同じデータを新たな視点で眺める、これがピボットテーブルの大きな特徴です。しかも、数式を使いません。

「Excelでいろいろ分析するのは難しい」といわれる経理担当者が思いのほか少なくないのですが、「マウス操作だけで瞬時に新たな視点を生み出せる」ピボットテーブルはとても簡単。使わないともったいない機能です。まずは手元のデータでいろいろピボットしてみてください。きっと新たな発見を体験できるはずです。設定方法は次項80で説明します。

「セグメント別業績」も簡単に把握できる！

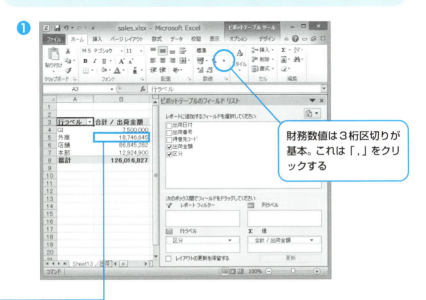

財務数値は3桁区切りが基本。これは「,」をクリックする

気になるデータは「ドリルダウン」

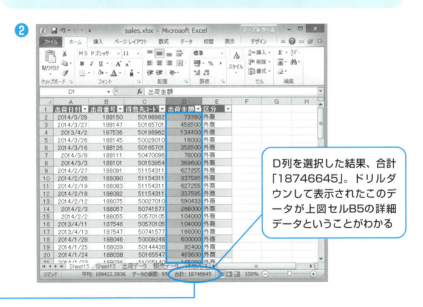

D列を選択した結果、合計「18746645」。ドリルダウンして表示されたこのデータが上図セルB5の詳細データということがわかる

80 Excelでクロス集計 ③値フィールドの設定とグループ化

異常値の検出ほか、経理業務に役立つ機能を理解しよう！

値フィールドの設定と集計方法の選択

　ピボットテーブルは、データをいろいろとスライスすることで新鮮な視点を得られるのが特徴です。

　次ページ❶の〔ピボットテーブルのフィールドリスト〕内、〔Σ値〕にある〔合計／出荷金額〕の▼を左クリックすると次ページ❶右下囲みのような表示が現われます。

　ここで〔値フィールドの設定（N）〕を左クリックすると、❷で示される〔値フィールドの設定〕が現われます。

　この〔値フィールドの設定〕で、〔集計方法〕タブのなかから適宜選択すると〔合計〕以外に、〔平均〕〔最大値〕〔最小値〕〔積〕〔標準偏差〕などを表示できるようになります。データ概況把握のため、❸のように「出向金額」という項目で〔データの個数〕を選択し、これを数期間で推移比較すれば、異常値の検出等に効果大です。

月次推移表を作成するときに便利な「グループ化」

　ピボットテーブルで月次推移表のようなものを作成しようとするとき、意外につまずきやすいのが年月の表示です。

　たとえば、日付ベースではデータ量が多すぎて見づらいので月次ベースで表示しようとすると、データが1月から順番に並んでしまうことがあります。12月決算の会社であればこれでもよいのかもしれませんが、3月決算の場合、2014年の1月から3月までのデータが、2013年の4月の前に表示され、混乱してしまいます。

　こうした表示の混乱を避けるには、〔グループ化〕を行ないましょう。〔行ラベル〕にある「1月」などの日付データ上で右クリック→〔グループ化（G）〕を選択すると、〔グループ化〕の設定画面が現われます。

　ここで、「年」「月」をクリックし青く反転させ〔OK〕をクリックすれば、〔ピボットテーブルのフィールドリスト〕に、新たに「年」という区分ができ、2013年4月から始まり、2014年3月で終わる月次推移表が作成できます。

値フィールドの設定

ピボットテーブルのグループ化

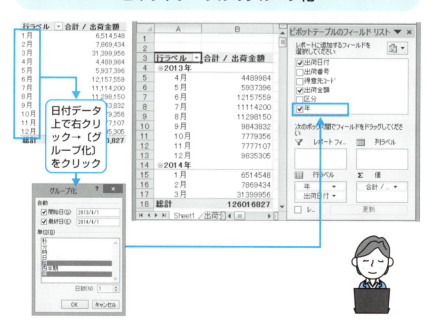

81 Excelのエラー表示とその対処法

 エラー表示された意味を理解しよう。

謎の呪文にも意味がある

Excelを使っていると、「#VALUE!」「#NUM!」「#REF!」「#DIV/0!」のような、何だかよくわからない謎の呪文が表示されることがあります。これを**エラー表示**といいます。

目障りなエラー表示を封印する方法

Excelで経営分析、財務分析をする際、どうしても計算結果でエラーが出てしまう計算式を入れなければいけない場合もあります。たとえば、ある勘定科目で対前年比を求める場合、「当期100÷前期0」とすると、Excelでは結果として「#DIV/0!」とエラー表示をします。

エラー表示は目障りですから、**IFERROR関数**を使い、このような表示をさせないようにすると心理的負担が抑えられるでしょう。「=IFERROR（値、エラーの場合の値）」のように、引数を設定するのです。

計算結果にエラーがある場合、引数の「エラーの場合の値」に指定された項目を表示する、つまり「もしも(IF)、エラー(ERROR)があれば、指定した項目を表示する」、これがIFERROR関数です。要は項目74で取り上げたIF関数の親戚です（引数の意味等についても項目73を再読してください）。

たとえば「当期100÷前期0」は、Excel上、「=100/0」の数式が設定されます。これを「=IFERROR（100/0,）」とすれば、計算結果は0（ゼロ）となります。引数の「エラーの場合の値」に「""」（ダブルコーテーション）として「=IFERROR（100/0,""）」とすれば、何も表示しないこともできます。文字列「ぎょ！」を示したければ、「""」の間に「ぎょ！」という文字列を入れ「"ぎょ！"」とすれば、計算結果のエラー時に「ぎょ！」という文字列を表示できます。

ちなみに、こうした分母が0の数式を数学的に**不定**と表現します。掛け算は割り算で検算しますが、3×2＝6、これを検算しようとすれば6÷2＝3となります。一方、3×0＝0ですが、0÷0＝3ではありません。このように分母が0の場合、答えが出ないので「不定」なのです。

主なエラー表示とその意味

エラー表示	表示された意味
####	セルの幅が狭いため数値が表示できない 日付や時刻のセルに負の値が入力されているため表示できない
#NULL!	セル指定の「:（コロン）」や「,（カンマ）」がない
#VALUE!	セル範囲に共通部分がない 不適切なデータが入っている
#DIV/0!	0で割り算を行なった
#REF!	セルが参照できない
#NAME?	関数名やセル範囲名などの名前が正しくない
#N/A	値がない
#NUM!	大きすぎる数値または小さすぎる数値

エラー対策（例）
＝IFERROR（値, エラーの場合の値）

たとえば、「＝IFERROR(100/0,"ぎょ！")」とすると、本来は「100/0＝不定」なので「#DIV/0!」と表示されるところを「ぎょ！」と表示する

ぎょ！

COLUMN

情報漏えいに備えるパスワードの使い方

　経理担当者が取り扱うデータのほとんどは機密事項ですから、他人に見られてまずいデータは、パスワードでしっかりガードしてください。

　たとえば、パスワードをかけたExcel文書にしたい場合は、〔ファイル〕タブから〔情報−アクセス許可−ブックの保護−パスワードを使用して暗号化〕をクリック、〔ドキュメントの暗号化〕画面と〔パスワードの確認〕画面で〔パスワード〕を入力すれば、ファイルを保護できます。

　パスワードが記載されているメールは、ファイルを添付したメールとは別に送ってセキュリティ面に配慮する必要もあります。添付ファイルと一緒にパスワードを送らないようにしましょう。

　なお、あなた自身が設定したパスワードを忘れるとファイルを開けなくなるので、この点はくれぐれも注意してください。

Excelのパスワード画面

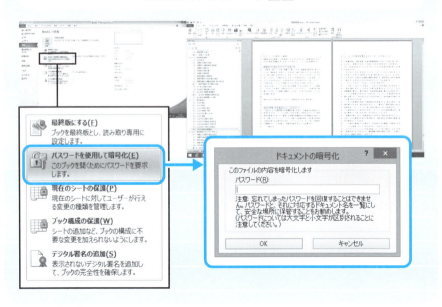

Lesson 8
「豆を仕切れる人」に ステップアップするヒント

「豆を数える人」から「豆を仕切れる人」になるには、数字をコミュニケーションツールとして使いこなせるようになる必要があります。取引先、金融機関、株主等から社長をはじめとする社内関係者まで、あなたの顧客(クライアント)は多岐にわたります。経営に活かせる経理知識を身につけて、各クライアントに役立つ数字を提供していきましょう。

「豆を仕切れる人」を目指そう！

82 「常識」としての数字の見方・見せ方

「会計直観力」を養うには8つの視点が欠かせない！

趨勢分析・他社比較し、課題を抽出

様々な切り口で数字を見ることができると、新たな発見につながります。各種指標から時系列で分析する趨勢分析、同業との他社比較で、経営の実態を把握しましょう。売上高対前年比（＝〈当期売上高－前期売上高〉÷前期売上高）のような同一項目の趨勢を見る増減率は分析の基本です。

構成率も欠かせません。自己資本比率（＝自己資本÷総資本）のようなB/S構成比（総資本を100とした場合の各資産・負債・純資産項目の比率）、利益率（粗利率・営業利益率・経常利益率・資本利益率・付加価値率など）や原価率（売上高原価率、人件費率など）のようなP/L構成比（売上高を100とした費用や利益等の比率）にも注目してください。

B/SとP/Lの相関関係に着目することもポイントです。在庫回転率（＝売上高÷在庫の平均残高）でインプットした在庫が売上としてアウトプットされるスピードを見る、利息のオーバーオールテスト（＝支払利息÷借入金の平均残高）でP/L（フロー）の利息とB/S（ストック）の借入計上額の妥当性を検証することも、実態把握に欠かせません。

こうした経営分析手法も、身につけるようにしましょう。

ビジネスの「オモテ×ウラ」を見る8つの視点

数字と漢字の塊にしか見えない決算書を解きほぐし、必要なことを必要な人に伝えるには、次の8つの視点が欠かせません。

①**鳥・虫・魚の目**　数字はザックリと、必要に応じ詳細に、流れも見る
②**フローとストック**　P/L項目のみならず、決算書は全体で把握
③**バランスとスピード**　B/S項目で財務安全性を見ることも大事
④**キャッシュとプロフィット**　利益が回収されてこそ本当の儲け
⑤**単体と連結**　組織力を見るには、個別（単体）とともに連結も重視
⑥**P×Q**　勘定科目は、Price（単価）×Quantity（数量）に分解可能
⑦**IN＝OUT**　非財務指標も含め、入ったものは必ず出る点に留意
⑧**VCとFC**　変動費（Variable Cost）と固定費（Fixed Cost）が管理の基本

83 説得力のある経営資料のつくり方

 経営課題の本質がどこにあるかを上手に伝えよう。

情報×工夫＝説得

経理担当者は、数字と文字を使い、様々な情報を適時・的確に利害関係者に伝達・説得する、ビジネスコミュニケーションをサポートすることが仕事です。

そのためには、説得力・伝達力のある、経営課題の本質がわかる資料づくりのノウハウも必要。新任経理担当者は、伝える技術の5つの基本ポイントを意識し、日常業務に活かしてみてください。

「伝える技術」の5つの基本ポイント

同じ内容でも印象はかなり違ってくる！

▼よい例

- **起票・記帳業務**
  決算書のしくみと仕訳
- **出納業務**
  現預金・小切手・手形管理、
  請求書・領収書の取扱い
- **残高管理**
  売上債権・購買債務・固定資産
- **決算作業**
  期末特有の処理
  （主に資産評価を中心に）

▼わるい例

- 起票・記帳業務
  決算書のしくみと仕訳
- 出納業務
  現預金・小切手・手形管理、
  請求書・領収書の取扱い
- 残高管理
  売上債権・購買債務・固定資産
- 決算作業
  期末特有の処理
  （主に資産評価を中心に）

伝える技術

① 字体はゴシック体を基本とする
② 行間に気を配る
③ メリハリをつける
④ 原色を使わない
⑤ そろえる、まとめる、目立たせる

84 会計データを加工・分解する

 ROAやROEの意味を理解しよう。

収益性の総合指標は3つの指標に分解できる

収益性の総合指標と呼ばれるのが**ROA**（Return On Assets：**総資本利益率**＝利益÷総資本）です。これは、調達した資本（総資本＝総資産）を活用してどれだけ稼げたかを見る指標で、当期純利益÷総資本（**総資本当期純利益率**）を年単位で見た場合、効率がよいと判断できる目安は5％以上になります。

このROAは、さらに売上高を計算式に組み込むことで、回転分析指標の1つである**総資本回転率**（＝売上高÷総資本）と**当期（純）利益率**＝（当期純利益÷売上高）という2つの指標に分解できます。

一方、自己資本を活用してどれだけ稼げたかを見る指標が**ROE**（Return On Equity、**株主（自己）資本利益率**＝利益÷株主資本）です。当期純利益÷自己資本（**自己資本利益率**）というように年単位で見た場合、効率がよいと判断できる目安は5％以上かどうかです。

このROEは、売上高と総資本によって、①**財務レバレッジ**（自己資本に対する事業規模を測る指標）×②**総資本回転率**×③当期利益率、という3つの指標に分解できます。

このうち、①財務レバレッジは分母・分子をひっくり返すと**自己資本比率**（＝自己資本÷総資本）ですし、②×③はROAそのものです。

つまり「**ROE＝自己資本比率の逆数×ROA**」と表わすことができ、ROEは自己資本比率とROAで構成されるのです。

経営指標を単独で使うのは危険

ROAとROEの目安5％以上をクリアしていても**黒字倒産**することがあります。そもそもROAは分母の総資本の内訳（＝負債と資本の構成割合）を、ROEは負債という要素をまったく考慮していません。こうした欠点があるので、これら指標を単独で用いることはしません。

財務健全性の観点から、「**ROEの値はROAの2倍以下**」とすべきで、その他の経営指標とともに総合的に経営状況を判断する必要があります。数字の裏にある真のデータを見つけられるようになってください。

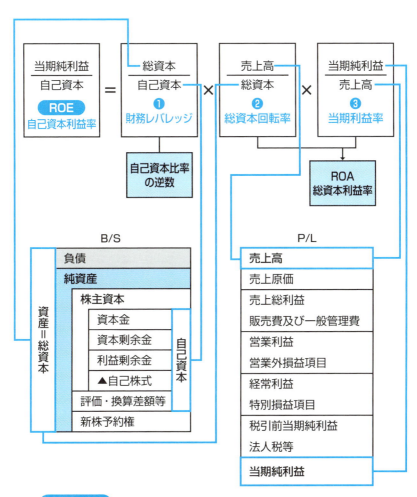

85 利益が出るか損失が出るかを見極める 損益分岐点分析（CVP分析）

 ビジネスは「売上を最大に、経費は最小に」が大原則。

強い会社にはCVPという儲けの公式がある！

どんな業種・業態でも、「強い」といわれる会社には「儲けの公式」が隠されていますが、その秘密は、決算書を"えぐれば"見えてきます。

経費を、売上高の増減に関係なく発生する事務所家賃のような固定費（FC：Fixed Cost）と、売上高に連動して発生する売上原価のような変動費（VC：Variable Cost）に、固変分解して決算書をえぐるのが経営管理のポイントです。

売上高から変動費を引けば新たに限界利益という、売上高に連動する利益、商売人の感覚にマッチした本当の粗利を算出できます。

「もうこれ以下で売ったらアカン、限界ギリギリの利益」、これが限界利益の定義と理解してください。限界利益を売上高で割れば限界利益率を算出できます。

限界利益から固定費を差し引いて営業利益等を求め、経費（Cost）、売上高（Volume）、利益（Profit）の関係から採算を管理するツールが損益分岐点分析です。強い会社には、「売上を最大に、経費を最小に」という採算意識を高めるため、CVPの関係に着目しています。

このCVPを使った損益分岐点分析の本質はとてもシンプルです。採算が合う損益トントンとなる点（Brake Even Point）は、目標利益がゼロの点、すなわち固定費＝限界利益となる場合の売上高です。

これをBEP（損益分岐点売上高＝固定費÷限界利益率）といいます。

「利益↑＝売上↑－経費↓」、これが商売の基本

「経営する」という用語は、英語でmanage、なんとか切り盛りする、という意味が含まれています。目まぐるしく変化するマーケットや顧客ニーズなどのデータを収集し、的確に判断して、経営をなんとか切り盛りするには、「生きた数字」のチェックが欠かせません。

その数字を誰もがわかるように提示することも経理担当者の重要な仕事です。「豆を仕切れる人」（manager）になるには、CVP分析を理解する必要もあります。

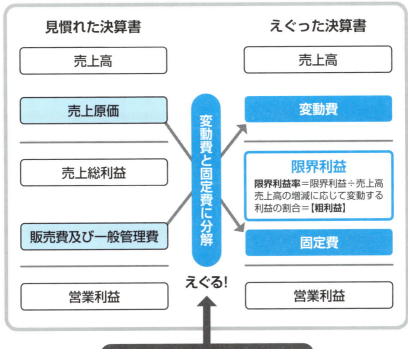

COLUMN

「平均」の意味

　経理の現場では、様々な「平均」の概念を用います。

　たとえば、人数を使い、従業員1人当り売上高（＝売上高÷従業員数）で生産性分析を、顧客1人当り利益（＝利益÷顧客数）で収益性分析を行ないます。

　売上高を日数で割れば、1日当り（日商）、1月当り（月商）、1年当り（年商）の売上高を求めることができ、収益性の指標となります。

　原価計算は、そもそも製品1個当りの製造原価を計算しています。

　このように、経理に「平均」の概念は欠かせませんが、下表のように、「平均」が同じでも、まったく違う意味のデータもあるので留意してください。経理担当者は、様々な平均の概念を知り、理解し、実際に使ってみて、経営数字の裏に隠されたデータを見抜く力を身につける必要があります。単純平均・加重平均・最頻値（モード）・中央値（メディアン）の概念にも慣れてください。

平均はすべて「2」でもデータの内訳は異なる

（　）内は Excel関数	平均 (AVERAGE)	中央値 (MEDIAN)	最頻値 (MODE)	最小値 (MIN)	最大値 (MAX)
2, 2, 2, 2, 2	2	2	2	2	2
0, 1, 2, 2, 5	2	2	2	0	5
0, 0, 0, 0, 10	2	0	0	0	10

さくいん

数字・アルファベット

7：3基準……107
a/c……12,66
BEP……198
B/S……13,126
CCC……132
C/F……13,130
cr……12
C/R……13,136
CVP分析……198
dr……12
EDINET……124
FALSE……178
FASS経理・財務スキル検定
……32
FC……198
FCF……130
F/S……13,69
GAAP……30
IFERROR関数……190
IF関数……176
IPO……124
ITパスポート……32
J-Sox……4
M＆A……124
MOSマイクロソフトオフィス
　スペシャリスト……32
P/L……13,128
ROA……196
ROE……196

S/S……13
SUMIF関数……174
SUM関数……174
T字勘定……12,72
T/B……13
TTB……59
TTM……59
TTS……59
VC……198
VLOOKUP関数……178,180
XBRL……124

あ行

アカウンタビリティ……28
預り源泉所得税……146
アドイン……184
粗利……136
アンレコ……81
異議申立て……170
一般債権……169
一般調査……170
インサイダー取引……34
印紙税……152
裏書……52,54
売上原価……64,67
売上原価率……128
売上債権……82,126
売上債権回転期間……126
売上総利益……128
売上総利益率……128

売上高……67
売掛金……22
売掛金台帳……22
運転資金……132
営業外収益……64,67,128
営業外費用……64,67,128
営業利益率……128
エラー表示……190
延滞税……170
オーバーオールテスト……194
オフバランス……160
オペレーティング・リース
……114

か行

買掛金……22,64
買掛金台帳……22
外貨建取引の為替換算
……58
会計監査……26
会計期間……12
外形標準……146
会社計算規則……66
会社法……28
カイティング……48
外部証憑……40
確定決算主義……28,164
加算税……170
貸倒懸念債権……169
貸倒損失……168

201

貸倒引当金……………168	金種別明細表…………46	現物管理…………………104
課税………………………150	金銭債権債務……………58	交際費……………………166
過怠税……………………152	金融商品会計基準………102	工事完成基準……………83
カットオフ………………81	金融商品取引法…………28	工事進行基準……………83
株式公開…………………124	繰延資産…………………67	更正・決定………………170
株主資本…………………67	クレジット…………12,63	小切手……………………50
株主資本等変動計算書…13	黒字倒産……………24,82	小口現金制度……………46
株主総会…………………164	グロス金額………………40	固定資産…………………67
借入金……………………64	クロス集計	固定資産管理台帳………104
仮受消費税………………146	……………184,186,188	固定費……………………198
仮払消費税………………146	経営管理…………………24	固定比率…………………127
為替手形…………………52	計規………………13,66,120	固定負債…………………67
簡易キャッシュ・フロー	計算書類…………………88	個別財務諸表……………88
……………………134	経常利益…………………128	雇用保険料………………157
勘定………………………12	計数管理…………………24	コンピュータ利用監査技法
勘定科目……………12,64,66	継続性の原則……………30	……………………184
管理会計…………………28	経理規程…………………33	
企業会計原則…………13,30	決算業務…………………24	**さ行**
期首・期末………………12	決算書……………13,64,118	財規………………13,66,120
記帳…………………12,22	決算整理事項……………89	在庫有高帳………………22
起票…………………12,62	決算短信…………………88	在庫回転期間……………126
キャッシュ・コンバージョン・	月次決算…………………24	在庫回転率………………126
サイクル……………132	月次推移表………………188	サイト………………12,96
キャッシュ・フロー……134	原価計算……………22,138	財務諸表……………13,120
キャッシュ・フロー経営	現況調査…………………171	財務諸表規則……………66
……………………82	現金主義…………………78	財務諸表等の用語、様式及び
キャッシュ・フロー計算書	現金等価物………………46	作成方法に関する規則
………………13,130	源泉所得税………………162	……………………120
給与支払報告書…………157	源泉徴収	財務レバレッジ…………196
強制調査…………………170	………154,156,160,162	先日付小切手……………50

雑勘定…………………70	証憑…………………40	**た行**
仕入債務回転期間………132	所得税………………154	耐久消費財…………108
シェア………………114	白地手形………………54	貸借……………………12
仕掛品…………………136	申告期限の延長の特例	貸借対照表………13,64,126
資格取得時決定…………157	……………………164	退職給付債務…………160
事業税………………146	随時改定………………157	代表資格………………52
資金管理………………24	趨勢分析………………194	耐用年数…………108,112
自己資本……………126	ステークホルダー………28	他勘定振替………99,136
自己資本利益率………196	スライス………………184	棚卸資産回転期間………132
資産………………13,67,132	製造計画書……………100	棚卸指示書……………98
試算表…………………13	製造原価明細書……13,136	団子消し………………96
実現主義……………12,30	制度会計………………28	帳合……………………92
実地棚卸…………98,100	税引前当期純利益………128	帳簿……………………62
四半期報告書…………124	税務申告………………24	帳簿棚卸………………98
四半期レビュー…………4	税務調査………………170	直接賦課………………140
資本的支出……………106	セグメント別業績………186	直課…………………140
締日……………………12	積極財産……………13,64	定額資金前渡法…………46
社会保険料……………156	先行売上………………81	定時決定………………157
ジャンプ………………56	線引……………………50	手形………………52,54
収益……………………13	相殺……………………58	手形割引………………52
修正申告………………170	ゾール…………………63	デビクリ……………12,62
修繕費…………………106	総資本回転率…………196	デビット……………12,63
住民税………………156	総資本当期純利益率……196	転記………………12,62
重要性の原則……………30	総資本利益率…………196	でんさい………………60
循環取引………………57	租税公課………………146	電子記録債権……………60
純資産……………13,64,67	租税特別措置法…………116	伝票………………12,38
少額減価償却資産………110	損益計算書………13,64,128	当期純利益率…………128
消極財産……………13,64	損益分岐点売上高………198	投資その他の資産………67
承認……………………12	損益分岐点分析…………198	特別償却………………116
消費税……………148,150		特別損失………………64

203

特別調査……………171
特別利益……………67
特例納付……………154
ドリルダウン………186

な行

日商簿記検定………32
ネット金額…………40
年金資産……………160
年調…………………162
年末調整……………162
年齢調べ……………97
納付書………………157

は行

ハーベン……………63
売買目的有価証券……102
配賦…………………140
配賦係数……………140
破産更生債権等………169
パスワード…………48,192
発生主義……………12,30,84
販売費及び一般管理費
　………………………64,67
反面調査……………170
非課税………………150
ピボットテーブル……184
費用……………13,64,67,78
評価・換算差額等……67
評価性引当金…………168

費用繰延……………81
ファイナンス・リース……114
フィールドリスト……186
賦課…………………140
不課税………………150
複式簿記……………62
負債……………13,64,67,132
負債性引当金…………168
負債比率……………126
附属明細書…………122
復興特別所得税………154
不定…………………190
付保…………………105
包括利益……………128
法人事業税…………146
法人住民税…………146
法人税……………146,164
法人税法施行規則………62
法定耐用年数…………112
法定福利費…………157
簿記…………………12
保守主義……………30,84
補助科目……………74
保全管理……………104

ま行

前受収益……………78
見越・繰延……………78
未収収益……………78
未出荷売上……………86

無形固定資産…………67
免税…………………150
元帳……………………12,97

や行

約束手形……………52
有価証券報告書………124
有形固定資産…………67
融通手形……………57
与信…………………96
呼出調査……………170

ら行

リース………………114
利益……………13,128
利益増減分析図………182
流動資産……………67
流動比率……………126
連結計算書類…………88
連結決算……………142
連結財務諸表…………88
連結損益計算書及び連結包
　括利益計算書…………128
レンタル……………114
連番管理……………100
労災保険料…………157
労働保険料…………157

わ行

割増償却……………116

おわりに
～激励の言葉～

　本書を通じ、あるいは日々の業務をこなしていくうちに、必要な経理知識は、確実に蓄積されていくと思います。

　しかし、「経理マイスター」への道は、まだまだ続きます。

　「豆を数える人」から、「豆を仕切れる人」になるには、さらなる努力が必要です。

　簿記の知識を身につけることもそうですし、不正会計事件に厳しい目が向けられている現代では、不正の痕跡を検証するＣＡＡＴ（Computer Assisted Audit Techniques：コンピュータ利用監査技法）の知識や、パフォーマンスを上げるために不可欠なＫＰＩ（Key Performance Indicators：重要業績評価指標）のような知識も必須になります。

　こうした幅広い知識を身につける努力を重ねることで、あなたは確実に「数字」をコミュニケーションツールにできる、「豆を仕切れる人」になることができます。

　ビジネスプロセスの「裏と表」を把握できるようにサポートする、これがあなたの最終目標です。

　「メリットは〇〇、だから、こうすると有利です」
　「当社の場合、現状では××となっていますが、ここを△△とすればよくなりますよ」

　数字を織り交ぜて、「こうすれば」の部分を提案できるようになれば、あなたのクライアント（社長や従業員という社内関係者から、金融機関などの社外の利害関係者）と良好な関係を構築できるようになるはずです。

経営困難に陥ったＪＡＬ（日本航空）を短期間で再生した京セラの創業者である稲盛和夫氏が著書『稲盛和夫の実学』ほかで指摘するように、「経営安定化のためには儲けが不可欠」というのは、どんな商売でも当たり前の話です。

　儲けを得るには優良な顧客と良好な関係が欠かせません。この良好な関係づくりに必要なデータを提供できる部署が、あなたが配属された経理なのです。

　会計直観力を養い、さらなる高みを目指し、飛躍してください。

　出版にあたりご協力いただきました日本実業出版社のみなさんに、この場を借りてお礼を申し上げます。

2015年10月吉日

公認会計士　村井 直志

村井直志(むらい ただし)

公認会計士村井直志事務所・代表(公認会計士。日本公認会計士協会、公会計協議会、地方公共団体会計・監査部会会員)。
中央大学商学部会計学科卒。税務事務所、大手監査法人、コンサルファーム、東証上場会社役員などを経て、公認会計士村井直志事務所を開設。一般社団法人 価値創造機構理事長。
日本公認会計士協会東京会コンピュータ委員会委員長、経営・税務・業務各委員会委員など歴任。
第34回日本公認会計士協会研究大会に、研究テーマ『CAAT(コンピュータ利用監査技法)で不正会計に対処する、エクセルを用いた異常点監査技法』で選抜。
ビジネスにまつわる「数字」を分かりやすく伝承するアカウンティング・キュレーターとして、経営コンサルティング・監査・不正調査のほか、セミナー・執筆などを行なう。セミナーでは若手経理担当者向け講座を長年担当。
著書に、『モダンExcel入門』(日経BP)、『会計チャージ』『Excelによる不正発見法 CAATで粉飾・横領はこう見抜く』(以上、中央経済社)、『経営を強くする会計7つのルール』『強い会社の「儲けの公式」』(以上、ダイヤモンド社)、『会計ドレッシング10episodes』『会計直観力を鍛える』(以上、東洋経済新報社)他がある。

[監修]一般社団法人 価値創造機構
　　　連携し、共感し、価値を創造する。『知的訓練の場』
　　　公式サイト　https://www.value.or.jp
　　　連絡メール　ck16@value.jp

即戦力になる！　基本が身につく
経理に配属されたら読む本

2015年11月1日　初版発行
2022年1月1日　第6刷発行

著　者　村井直志　©T.Murai 2015
発行者　杉本淳一

発行所　株式会社日本実業出版社　東京都新宿区谷本村町3-29 〒162-0845
編集部　☎03-3268-5651
営業部　☎03-3268-5161　振替　00170-1-25349
https://www.njg.co.jp/

印刷／厚徳社　製本／共栄社

この本の内容についてのお問合せは、書面かFAX(03-3268-0832)にてお願い致します。
落丁・乱丁本は、送料小社負担にて、お取り替え致します。

ISBN 978-4-534-05323-7　Printed in JAPAN

日本実業出版社の本

今までで一番やさしい
法人税申告書のしくみとポイントがわかる本

高下淳子
定価 本体 1600円（税別）

初めて法人税申告の仕事をする人のための本。申告書を難しく感じる「3つのカベ」をクリアしたのち、別表一（一）・四・五（一）・五（二）のしくみと決算書との関係を徹底的に解説。

人気セミナー講師・いどみえ先生の
社会保険がやさしくわかる本

井戸美枝
定価 本体 1400円（税別）

社内で社会保険事務を担当する人が"最初に読む本"。制度のしくみと基礎知識、定例的な届出と事務手続きのポイントを、わかりやすく解説。関連する資格を目指している人にも最適！

この1冊ですべてわかる
経営分析の基本

林總
定価 本体 1500円（税別）

日本航空、シャープ、トヨタ自動車、帝国ホテルなど、様々な企業の決算書を例示しながら、財務三表のしくみから経営分析指標の意味・使い方までを解説。経営分析の基本が理解できる！

数学女子　智香が教える
仕事で数字を使うって、こういうことです。

深沢真太郎
定価 本体 1400円（税別）

ビジネスシーンで役立つ数学的考え方をストーリーで解説。数字音痴の主人公・木村と数学女子・智香の会話から、平均の本当の意味や標準偏差、相関係数、グラフの見せ方まで身につく。

定価変更の場合はご了承ください。